Enquanto houver
amor
haverá esperança

Enquanto houver amor, haverá esperança

Copyright by © Petit Editora e Distribuidora Ltda., 2015-2020
3-3-20-1.000-11.000

Coordenação editorial: **Ronaldo A. Sperdutti**
Capa: **Danielle Joanes**
Imagens da capa: **Sippakorn | Shutterstock**
Projeto gráfico e editoração: **Ricardo Brito | Estúdio Design do Livro**
Preparação: **Maria Aiko Nishijima**
Revisão: **Maiara Gouveia**
Impressão: **PlenaPrint gráfica**

**Ficha catalográfica elaborada por
Lucilene Bernardes Longo – CRB-8/2082**

Vinícius (Espírito)
    Enquanto houver amor, haverá esperança / pelo Espírito Vinícius ;
psicografado pela médium Sarah Kilimanjaro. – São Paulo : Petit, 2015.
    304 p.

ISBN 978-85-7253-294-5

    1. Espiritismo   2. Psicografia   3. Romance espírita   I. Kilimanjaro,
Sarah.   II. Título.

CDD: 133.93

Direitos autorais reservados.
É proibida a reprodução total ou parcial, de qualquer forma
ou por qualquer meio, salvo com autorização da Editora.

(Lei nº 9.610, de 19 de fevereiro de 1998)

Traduções somente com autorização por escrito da Editora.

Prezado(a) leitor(a),

Caso encontre neste livro alguma parte que acredita que vai interessar ou mesmo
ajudar outras pessoas e decida distribuí-la por meio da internet ou outro meio,
nunca deixe de mencionar a fonte, pois assim estará preservando os direitos
do autor e, consequentemente, contribuindo para uma ótima divulgação do livro.

psicografia de
Sarah Kilimanjaro

pelo espírito de **Vinícius**

Enquanto houver **amor** haverá esperança

Uma história de coragem, amor e superação!

editora

Av. Porto Ferreira, 1031 - Parque Iracema
15809-020 - Catanduva-SP
17 3531.4444

www.petit.com.br | petit@petit.com.br

Sumário

Capítulo 1   Primeiros encontros, 9

Capítulo 2   O novo emprego, 15

Capítulo 3   O casal, 19

Capítulo 4   O acidente, 25

Capítulo 5   A lenta recuperação, 37

Capítulo 6   O tratamento, 41

Capítulo 7   Retornando ao lar, 47

Capítulo 8   A reflexão, 53

Capítulo 9   O aconchego familiar, 59

Capítulo 10   As indagações filosóficas, 63

Capítulo 11   A evolução e a humanidade, 69

Capítulo 12   Erika descobre o Espiritismo, 71

Capítulo 13	As férias, 77
Capítulo 14	O centro de recuperação, 81
Capítulo 15	Vestibular para Medicina, 85
Capítulo 16	Um encontro inusitado, 87
Capítulo 17	Laços afins, 95
Capítulo 18	E ainda o teatro, 101
Capítulo 19	Quem é Maurício?, 105
Capítulo 20	Cantando para o amado, 107
Capítulo 21	O encontro, 113
Capítulo 22	Na faculdade, 123
Capítulo 23	Os pedidos de socorro, 127
Capítulo 24	A louca, 131
Capítulo 25	Doutor Celso, 145
Capítulo 26	O desabafo de Maurício, 151
Capítulo 27	O ensaio, 157
Capítulo 28	Na casa de Erika, 163
Capítulo 29	Tarefas da universidade, 175
Capítulo 30	O drama de Miriam, 179
Capítulo 31	Avós maternos, 187
Capítulo 32	O desabafo de Viviane, 193

CAPÍTULO 33   Em família, 199

CAPÍTULO 34   Uma noite inesquecível, 203

CAPÍTULO 35   Encontro com o passado, 209

CAPÍTULO 36   Os novos personagens, 215

CAPÍTULO 37   A irrequieta Michelle, 219

CAPÍTULO 38   Aversão, 227

CAPÍTULO 39   Integrada na nova encarnação, 231

CAPÍTULO 40   Entre a universidade e o hospital, 237

CAPÍTULO 41   Maurício e os pais, 241

CAPÍTULO 42   Perseguição espiritual, 247

CAPÍTULO 43   Quem semeia vento, colhe tempestade, 249

CAPÍTULO 44   Buscando ajuda, 257

CAPÍTULO 45   Sonho ou realidade?, 263

CAPÍTULO 46   Encontro com seus adversários, 271

CAPÍTULO 47   O apelo do amor, 277

CAPÍTULO 48   Reconciliação, 283

CAPÍTULO 49   O amor faz maravilhas, 289

CAPÍTULO 50   O casamento, 295

CAPÍTULO 51   A peça, 299

POSFÁCIO   E o amor venceu mais uma vez, 303

Capítulo 1

Primeiros encontros

Mesmo que o dia estivesse sombrio não influenciaria Alex, graças ao seu estado de espírito. Otimista e feliz, tinha recebido resposta positiva de um emprego muito bom, promissor para iniciar sua carreira de Engenharia. Ao mesmo tempo, havia reatado com uma antiga namorada, a quem ainda amava. Guardava boas lembranças desse relacionamento.

O jovem passara maus momentos, primeiro, porque a namorada tinha sido injusta; segundo, porque, formado em Engenharia, aos vinte e quatro anos, não conseguia emprego: o mercado estava saturado. Ele, que nem vocação tinha, fora empurrado para aquela profissão pelo pai. O jovem, com o certificado na mão, teve de lutar por mais três anos, fazendo, como desenhista de plantas, maquetes, desenhos, plantas e projetos para grandes empresas, explorado pelos empresários que comandavam o mercado.

"Agora", pensava ele com os seus botões, "chegou a minha vez, está chovendo em minha horta, desta vez vai dar certo."

Alex, de energia revigorada, eufórico, achando a vida um mar de rosas, admirava a natureza, o colorido das flores, o verde das árvores, o canto dos pássaros e as pessoas. Enfim, a vida, naquele instante, se apresentava bela e encantadora.

No seu quarto de solteiro, à tardinha, lendo a correspondência da admissão para ocupar uma vaga de engenheiro em uma das empresas mais conceituadas da capital de São Paulo, pensava:

"Que sorte! Quem diria, me sentar nas cadeiras luxuosas daqueles escritórios de vidros fumê. Hum, a sorte é como um raio, não cai sempre no mesmo lugar. Preciso aproveitar essa chance e me aprimorar ao máximo para ser um bom profissional na área. Rogério, que será meu chefe, tenho certeza, vai me dar uma força."

E acariciava a correspondência e, ao mesmo tempo, admirava o retrato da namorada, Viviane, ao lado da cabeceira de sua cama. Ruminando, com o olhar vagando pelo quarto, recordava:

"Bons tempos aqueles da universidade, que saudade!"

O retrato mostrava Alex e Viviane, abraçados, numa paisagem ímpar — Parque Caracol — em Canela, uma cidade turística do Rio Grande do Sul, para onde eles haviam feito uma excursão, pela faculdade, como despedida do último ano. E continuava a reminiscência: ele se formando em Engenharia, e Viviane, em Direito. Tiraram bastante fotos — no hotel, no Lago Negro, nas cachoeiras, em toda Gramado —, visitaram lugares turísticos. Fora uma viagem inesquecível.

Alex ficou horas a fio lembrando os doces momentos que vivera com seu amor. Naquele instante, uma ruga anunciou-se na testa larga e bronzeada do rapaz, quando se lembrou do final infeliz que tivera com ela, algum tempo atrás. Fora substituído no coração de Viviane por um ex-colega de aula que não parava de insistir em namorá-la, até que ela cedeu, numa noite em que Alex, deprimido e desiludido por não conseguir emprego, havia mergulhado na bebida, deixando-a de plantão na festa de final de ano. Ela não lhe perdoara o deslize e desistira dele optando por Marcelo, um verdadeiro boneco de vitrina que não desgrudava dela, bancando a vítima.

Ao lembrar disso, Alex passa a mão pelos cabelos negros e fartos, como para tirar as lembranças tristes, retrucando para si mesmo:

"Bem, o que passou, passou, agora só o que interessa é o presente e o futuro". E com um copo d'água na mão e olhando para o retrato, saudou: "A nós, ao futuro e ao sucesso".

Levantando-se da poltrona, Alex pega uma toalha e se dirige ao banheiro para uma ducha. Em seguida, veste uma roupa esporte para se encontrar com a eleita do seu coração, ansioso para lhe contar as novidades.

Chegando à casa de pastilhas azuis-claras com janelas de mogno, estaciona o carro no meio-fio e dá com os olhos em Viviane, que já o aguardava, mas um tanto amuada:

— Oi, seu atrasado, já estava esperando outro fora. Já se passaram quinze minutos do combinado.

— Olá, querida, tenho novidades. — E pegando-a pela cintura, beija-a nos lábios levemente.

— Então, o que foi? — pergunta ela.

— Fui chamado para trabalhar!

— Só esse beijinho? Eu não mereço mais?

— Bem, deixe-me ganhar o meu primeiro e polpudo ordenado que lhe darei diamantes — falou brincando.

Os dois juntos, abraçados, riram muito. Saíram para lanchar num barzinho do bairro, especialmente preparado para namorados.

— Mas que legal, Alex! Você foi convidado para trabalhar naquela empresa? Aí tem dedo de padrinho, hein!

— Bem, até que pode ser, porque, quando fui levar o meu currículo para ser examinado, encontrei com um antigo colega de faculdade. O Rogério, você se lembra dele? Aquele, que era o melhor da turma.

— Ah, sim! Ele tinha pintinhas no rosto e o cabelo meio caramelo caído nos olhos, que ele teimava em tirar; a turma caçoava muito dele por causa disso.

— Hum! Está lembrando demais dele.

— Ah, não, Alex! Ciúmes agora, não. E logo de alguém que não vejo há uns bons anos e que lhe deu uma forcinha, hein?

E os dois se puseram a rir.

— Tem razão, falou o rapaz, fazendo-lhe carícias no cabelo e beijando-lhe o rosto.

Ao terminar a noitada, voltaram para casa, alegres, felizes como nunca, com esperanças renovadas no coração.

— Querida, sinto que a partir de amanhã a minha vida vai mudar. É intuitivo. Alguma coisa me diz que daqui em diante vamos ter uma vida nova, com muito trabalho, certo, mas sem nos preocuparmos com o dia de amanhã. Se tudo der certo, marcaremos a data do casamento lá por janeiro, que é o mês que mais se identifica comigo.

— Mas... mas então estou sendo pedida em casamento? Isso é oficial? Bem, precisamos participar aos meus pais, que ficarão muito contentes de a filha desencalhar — falou rindo.

— Você está com vinte e cinco anos e já se sente solteirona?

— Claro que não, seu bobo. Para mim está sendo a melhor fase da vida. Voltamos amadurecidos para o amor, sem a irresponsabilidade da adolescência.

Os namorados ficaram por um longo tempo dentro do carro, planejando. A noite estava linda, bordada de estrelas, e a luz da Lua cheia se derramava sobre eles. Despediram-se com um longo beijo de boa noite.

Capítulo 2

O novo emprego

Alex acordou cedo no dia seguinte e se vestiu com cuidado. Colocou uma roupa adequada, pegou a pasta e saiu em direção ao escritório. Lá chegando, foi direto à recepção. Apresentou-se como candidato à vaga aberta, perguntando por Rogério. Este ainda não havia chegado, mas a recepcionista pediu a Alex que o aguardasse, pois, assim que ele chegasse, ela o avisaria.

Passam-se mais de trinta minutos, quando a porta da frente do prédio se abre, e lá vem Rogério, levantando a mão saudando o amigo e passando-a no cabelo caramelo, tentando tirá-lo dos olhos. Ao ver Alex, caminha sorrindo ao seu encontro, apertando-lhe a mão.

— Então, como vai o mais novo funcionário?

— Ainda não sei, hoje é o meu primeiro dia. Estou aqui para ocupar a vaga.

— Vamos entrando, venha comigo ao escritório. Quero lhe mostrar alguns projetos prontos e outros por terminar. Estamos aqui com alguns croquis[1] de um grande projeto para o fórum de uma cidade do interior de São Paulo. Espero contar com sua ajuda para destrinchar todos eles dentro do prazo.

Alex ficou absorvido vendo os projetos, observando minuciosamente as fundações, a planta baixa e os cortes. Rogério foi até outra sala em busca de mais papéis. Ao voltar, observou o amigo totalmente envolvido com as plantas e lhe perguntou:

— Então, familiarizado com os projetos?

— Muito, muito. Estou deslumbrado, mas que obra monumental! Há serviço para mais de ano, suponho.

— Por isso abrimos a vaga que você vai ocupar, a fim de que o projeto seja feito em tempo hábil.

— Rogério, posso ficar estudando as peças dos projetos? Quero me enfronhar no trabalho que vou enfrentar.

— Tudo bem, meu chapa, a peça é toda sua. Faça bom uso. — E colocando a mão na cabeça, em sinal de adeus, completou: — E faça bom proveito.

Já passava das dezoito horas quando Alex, debruçado nos projetos, abriu os braços e bocejou. Estava cansado. Enquanto todos já haviam ido embora, ele, esquecido da vida, estudava as planilhas.

Rogério, voltando da sala contígua, de uma reunião com a cúpula da engenharia, abre a porta e caçoa dele:

— Como é, meu chapa! Você está pretendendo o meu lugar na chefia, hein?!

— Não! É que preciso segurar o meu novo emprego — disse rindo, escancarando a boca onde se divisavam dentes alvos.

---

1. Nota da médium: esboço de desenho de arquitetura.

Ambos se abraçaram e saíram conversando sobre o mesmo assunto: projetos, planos e plantas. Chegando à rua, cada um vai para o seu carro. Com um aceno, partem para os seus destinos.

Alex, que morava sozinho, ocupando pequeno apartamento, chega cansado, solta a pasta na entrada, sobre uma escrivaninha de madeira, estilo antigo, tira o paletó e o sapato e se atira à cama. Fica assim por um bom tempo, adormecido. Acorda assustado com um barulho vindo da rua, pois já passava das vinte horas e tinha combinado encontrar-se com Viviane. Levanta-se e banha-se rápido, veste-se às pressas e parte para a casa dela.

Como sempre, a namorada o esperava na frente da casa, com uma certa ansiedade.

— Oi, até que enfim! Atrasado, como sempre. Qual é a desculpa, hoje? Trabalhou demais em seu novo emprego?

— Calma, espere um pouco, se me der fôlego, eu lhe contarei tudo.

Viviane, impaciente a princípio, começa a ouvi-lo, até relaxar com o relato do namorado. Após as explicações necessárias, Alex olha para ela e pergunta:

— Então, mais serena?

Ela meneia a cabeça e beija-lhe a face, mais descontraída.

— Sim. Sempre acho que vai me dispensar, a cada atraso. Deve ser resquício do ontem não muito distante, quando me deixou plantada naquela festa. Lembra?

— Não, não quero nem lembrar. Só gosto de recordar as coisas boas, que me deram prazer, do resto, quero esquecer, mas por que toda essa preocupação? Já não lhe disse que lhe pertenço e jamais vou deixar você? E, pelo que me consta, quem me dispensou naquela festa foi você, não concorda? Bem... mas falemos do que interessa. E puxando-a para junto de si, beija-a na boca, longa e profundamente.

E assim ficaram por um longo tempo, acariciando-se e planejando o futuro.

Capítulo 3
O casal

Passaram-se mais de cinco anos, e vamos encontrar os dois pombinhos casados e estabelecidos numa bela vivenda, de janelas amplas, porta bem talhada, emoldurada por um bem cuidado jardim à entrada da casa. Alex já não tinha os lindos e fartos cabelos, mas os anos o haviam brindado com alguns fios prateados nas têmporas. Viviane, de silhueta mais encorpada, naquele momento tratava de arrumar o uniforme de escola de uma bela menina de presumíveis cinco anos. A garotinha possuía cabelos castanhos encaracolados e olhos muito vivos, tez bem dourada, tal como a mãe, e um sorriso bonito no rosto lindo.

Alex, que arrumava sua papelada na gaveta da escrivaninha, a chama:

— Já vai, filha? Estou esperando o meu beijo.

A menina corre para os braços do pai, que a abraça com carinho.

— Então, princesa, vamos à escola?

— Sabe, papai, a Michele, aquela minha amiga do colégio?

— Hum..., sim, o que foi?

— O pai dela morreu!

— Verdade?!

— Papai, o que é morrer? É verdade que colocam a gente embaixo da terra para os bichos nos comerem?

— Que conversa é essa, menina? Quem andou falando isso com você?

— Foram os colegas da minha classe. Papai, eu não quero que o senhor morra, porque senão os bichos vão comê-lo debaixo da terra.

— Calma, princesa, eu não vou morrer e ninguém vai me comer.

— Mas papai... o pai da Michele...

Alex tapa delicadamente a boca da menina

— Chega de papo fúnebre, vá terminar de se vestir. Enquanto isso, vou tirar o carro da garagem.

— Papai, o que é papo fúnebre?

"Ah, meu Deus!", pensou Alex, "a idade dos porquês, da curiosidade, como aguentar por muito tempo os 'por quê', os 'o quê', os 'para quê'?"

— Vamos, filha, depois papai explica. — E acariciando levemente a cabeça da menina, entrega-a para a mãe.

Viviane, vestindo um costume azul-anil com uma blusa branca de cambraia, sapato mocassim, já estava pronta para levar Erika ao colégio.

— Querido, vai ficar em casa trabalhando naquele projeto? Quero, depois de deixar Erika na escola, visitar o Centro Comercial para olhar algumas liquidações. Vou com Andreia, que também quer comprar roupas para a filha.

— Devo ficar em casa umas duas horas e meia, mas depois tenho de entregar o projeto no escritório. Preciso do carro antes das três.

— Tudo bem, não me atrasarei. Tchau...

E saiu, fechando a pesada porta de madeira.

Alex, de régua em punho e lápis na boca, examinava o desenho arquitetônico estendido na mesa apropriada.

ஒ

Na dimensão espiritual, um grupo de amigos descera à crosta com a finalidade de dar apoio ao grupo ao qual era afeiçoado, em um momento de apreensão por parte dos encarnados. Alex, Viviane e Erika provinham de uma colônia espiritual próxima de São Paulo. Reencarnaram aqui para cumprir suas metas visando ao crescimento espiritual, cada um com uma tarefa definida, mas sempre na ajuda mútua.

Naquele momento, porém, aquelas pessoas estavam prestes a passar por uma grande provação. Erika tinha decidido na colônia espiritual, durante seu planejamento reencarnatório, se envolver em um acidente em tenra idade, que lhe comprometeria por algum tempo, na infância, as duas pernas; teria também uma pequena lesão na coluna, para, com isso, fortalecer sua programação, que tinha como objetivo reforçar a sua determinação em atender crianças portadoras de deficiência física e saldar antigos débitos[2].

---

2. Nota da médium: Para mais detalhes, ver *O Livro dos Espíritos*, Parte segunda — Mundo Espírita ou dos Espíritos — cap. 6, "Vida espírita — escolha das provas", Petit Editora.

Ela havia angariado saldo positivo em sua recente encarnação e também no plano espiritual, quando trabalhou laboriosamente em resgates, com falanges de espíritos socorristas, em acidentes que resultavam em desencarnes dos envolvidos, ajudando a retirar os espíritos e lhes dedicando muito amor e ternura. Tais atitudes proporcionaram-lhe créditos que lhe permitiriam amenizar sua prova enquanto encarnada. Assim, o grupo que lhe era afim estava na casa da família para minimizar o acidente já previsto. E assim foi. Embora os participantes tivessem conhecimento do evento na espiritualidade, não o recordavam no momento.

O esquecimento do passado é a misericórdia divina que nos dá oportunidades de recomeço, a cada nova encarnação. E sabemos que o espírito reencarna para aprender e progredir. O esquecimento do passado é a oportunidade que temos, a cada nova encarnação, de começar do zero. É um passaporte em branco, um recomeço. Assim, podemos fazer uso de nosso livre-arbítrio para adquirir novos aprendizados em cada existência — e a quitação dos nossos débitos se encaixa justamente dentro de nossa parcela de aprendizado.

É assim que Deus permite que o espírito reencarne junto das pessoas que amou, assim como daquelas a quem prejudicou, e lhe dá o benefício do esquecimento temporário, para que nem ele, nem as pessoas com as quais convive, possam se apegar ao que ele foi e fez em outras existências. Se tivéssemos consciência de todo o mal que nos fizeram, ou que fizemos, cada nova encarnação reacenderia ódios, mágoas e rancores — e que benefício isso traria?

Todos os caminhos de Deus conduzem ao amor. É pelo amor que aplacamos ódios, é através do amor que aprendemos a perdoar, é por amor que conhecemos o que é doação, dedicação e desinteresse. É desse modo que Deus faz com que inimigos de outrora renasçam em uma mesma família, com total esquecimento das ofensas, para construírem uma história de amor, amizade e parceria, onde antes houve maldade, ódio e rivalidade. Mas esse grupo que se reuniu não tem desencontro entre si; ao contrário, há entre eles afinidades, e por isso se reuniram para futuro desenvolvimento de suas tarefas planejadas, mesmo encontrando à frente animosidades que com o tempo serão sanadas.

Capítulo 4

O acidente

Passaram-se mais de duas horas e nada de Viviane aparecer. Alex, ansioso, caminha pela varanda da casa, olhando, a todo momento, o relógio. O tempo corria, e ele, cada vez mais nervoso, não atinava com o motivo da demora, pois sua mulher não tinha o hábito de se atrasar. Até que o telefone toca na saleta da entrada e ele, ansioso, corre para atender.

— Alô? É da casa dos Medeiros? — pergunta a voz ao telefone.

Alex confirma.

— Quem fala? — pergunta a voz cadenciada.

— Alex Medeiros.

— Um momento, por favor, vou passar o telefone.

— Alex, sou eu, Viviane — falou a esposa, com voz trêmula.

— Querida, o que houve? Eu estava para pegar um táxi, você quase não me pega em casa.

Do outro lado, Viviane fala desesperada.

— Querido, estou no hospital. Erika foi atropelada por um carro. Venha depressa, estou muito nervosa!

— Viviane, como foi que isso aconteceu? E ela, como está?

— Ah, querido! Ela está sendo operada, nada posso adiantar, venha depressa.

O engenheiro chama então um táxi pelo telefone e angustiado aguarda. Quando o carro chega, fala um tanto agitado:

— Rápido, para o hospital — e diz o nome do hospital.

— É pra já, doutor — responde o motorista já engatando a marcha do carro, pois sentiu na voz do passageiro a apreensão de uma situação infeliz.

E o motorista corre pelas avenidas do bairro de classe média da cidade. Em poucos minutos, o carro para junto ao meio-fio da calçada de um pomposo e bem conservado hospital.

Alex paga o motorista, salta do carro e de imediato adentra o hospital. Pede informação no guichê, onde lhe comunicam que sua esposa o aguarda no apartamento 305. Toma o elevador, tenso, sem notícias precisas. Com os nervos à flor da pele, chega ao quarto. Viviane vai ao seu encontro, chorando desesperadamente.

— Querido, que desgraça! Erika inspira cuidado, estava inconsciente. Está sendo tratada por uma equipe de médicos.

— Como aconteceu isso? — lamentava Alex, sem poder conter o pranto.

Viviane, vendo o desespero do marido, tenta acalmá-lo com explicações:

— Segundo a diretora do colégio, foi imprudência de Erika, que, sem olhar para os lados, atravessou a rua para ir ao encontro da amiga dela, que estava na outra calçada. Eu estava deixando Andreia para uma reunião na escola, antes de voltar para casa, e soube do acidente por um dos pais.

Alex estava aparvalhado:

— E agora, o que vamos fazer? — pergunta Viviane.

— Ah! Agora é aguardar e esperar que Erika reaja, pois seu organismo é saudável.

Junto a eles estava uma entidade espiritual amiga, que o inspirava a orar.

— E orar muito — falou automaticamente Alex.

— O que foi que disse, Alex?

— Eu!? Nada. Estou tão atordoado e com medo quanto você.

— Ouvi você dizer que era hora de orarmos.

— De fato, é uma boa inspiração de Deus. Vamos, querida, dê-me a sua mão e vamos pedir a Deus que salve nossa filha. E os dois, cada um à sua maneira, rezava silenciosamente ajudando os benfeitores a auxiliar os médicos que atendiam Erika, a fim de que tudo o que haviam planejado saísse bem.

Alguns amigos, sabendo do ocorrido pelos filhos, correram ao hospital para obter notícias. As horas se esgotam lentamente, a noite se aproxima com seu manto de crepe preto.

A situação continuava a mesma, o quadro não havia mudado. E, pelo movimento dos médicos e enfermeiros, entendia-se que o caso era grave.

A noite inteira, até o amanhecer, os pais de Erika, insones, com a fisionomia desfigurada, em desespero, aguardavam.

A madrugada fora um verdadeiro suplício para o casal, sempre na expectativa de uma notícia sobre a filha. As enfermeiras nada adiantavam, pedindo a eles para, com calma, aguardarem e terem paciência, pois Erika estava sob os cuidados de bons profissionais.

E assim ficaram, sentados em poltronas de suave colorido, muito limpas, no quarto hospitalar, ensimesmados, tanto Alex quanto Viviane. E foi dessa forma que o médico os encontrou. Ele vinha de uniforme branco, estetoscópio no pescoço e de fisionomia simpática, para dar notícias.

— Bom dia, pessoal, o Sol já está aquecendo a Terra. Abram as cortinas das janelas e deixem o ar da manhã arejar o quarto. — E olhando para os pais da acidentada, fala: — Podemos conversar?

Prontamente ambos se levantam e dirigem-se a ele, ao mesmo tempo:

— Esperamos notícias a noite inteira. Como está nossa filha?

— Acalmem-se, estou aqui para isso, para dar notícias — falou o médico, e continuou: — Bem... o pior já passou, a menina está fora de perigo. A operação foi exitosa, graças a Deus e ao seu físico saudável. Mas... temos um problema pela frente, para o qual precisamos, nós, os terapeutas e vocês, os pais, nos aliar, ter muita compreensão e paciência e nos darmos as mãos para resolver. A menina teve uma de suas vértebras quase comprometida com uma luxação, e uma das pernas teve fratura em três partes e, claro, inspira cuidado; na outra perna teve pequena fratura, mas precisamos de tempo para uma boa avaliação. O quadro que vimos não é grave demais, esperamos. Agora é só aguardar. Só o tempo nos dirá se Erika — é esse o nome dela, não é? — vai se recuperar totalmente.

— O senhor quer dizer que temos de esperar para realmente saber se ela vai ficar com sequelas? Então temos de esperar? — Alex estava muito apreensivo.

— O que é isso, doutor? Algum pesadelo, ou uma brincadeira de mau gosto? — diz Viviane, prestes a ter uma crise histérica. — Ainda ontem nossa filha, graciosa e bonita, vestindo o seu uniforme azul, corria para a escola, e o senhor nos diz agora que ela não vai mais caminhar?

— Não foi isso que eu quis dizer, não coloque na minha boca sua má interpretação. Vai ficar sim algum tempo sem caminhar, pois fraturou uma perna, com alguma gravidade, mas controlada, e parte da outra, sem grande extensão. E você ainda quer que ela já saia daqui correndo? Acalmem-se para dar apoio à garotinha.

— Meu Deus! Ela tem apenas cinco anos e meio! Vocês, que são médicos, já pensaram nisso? — indagou Alex.

Alex e Viviane, abraçados, não conseguiam segurar as lágrimas que, teimosas, escorriam pelas faces desesperadas.

— Temos de ser honestos, estamos falando que precisamos esperar para ver realmente sua recuperação e baseados em fatos, mas não podemos enganá-los. Não é do nosso feitio embalar ilusões, mas somos sempre a favor da verdade e da esperança. Depois que ela superar a crise da agressão e da cirurgia, os fatos nos mostrarão o que devemos fazer pelo seu físico. Por enquanto, estamos no campo de... ficar... bem, as pernas foram operadas agora, é ver como a vértebra vai se comportar. Ela é muito nova — cinco anos —, com o crescimento as coisas acabam indo para o lugar.

— Doutor, estamos vivendo um pesadelo, e eu tenho pressa em acordar — clamava Viviane. — Ontem tudo corria bem, éramos os três felizes. Nossa princesa sempre foi obediente, ela é muito inteligente, sabe? Nunca nos deu preocupações. Que destino cruel! Afinal, o que fizemos para merecer tudo isso? Meu Deus, o senhor já pensou na angústia que vamos sofrer até saber realmente o que nos prepara o futuro em relação a ela?

— Deve agradecer por sua filha estar viva e bem, sem grandes perspectivas de ficar com sequelas que poderiam colocá-la para sempre em uma cadeira de rodas.

— Até quando vamos ficar nessa expectativa? — indaga Alex, também inconsolável, ele que tinha verdadeira paixão pela filha, sua princesa, como a chamava, e emenda outra pergunta: — Doutor, e se houver problema na coluna, será irreversível?

— Só o tempo nos dirá — responde o médico, que fica constrangido pelo quadro que tinha à sua frente: os pais com o desespero estampado na face sofrida pela noite de ansiedade e pela expectativa. — Mas — acrescenta —, como eu já disse, a operação foi um sucesso! As duas pernas foram recuperadas. A ciência tem progredido muito nesses últimos tempos, e a fisioterapia vai ser um instrumento de grande valia nessas questões. Aguardemos com otimismo. Nada está perdido enquanto há vida. Precisamos sim monitorar a vértebra que não foi quebrada como prevíamos, ela teve apenas luxações. Afinal... a menina vive, e isso não é o mais importante?

— É verdade, o senhor tem razão — diz Viviane, mais resignada. — Nossa filha vive, Alex, graças a Deus, e isso é o que importa, não podemos negar. Ela está mesmo fora de perigo, doutor?

— Sim, a menina é forte e corajosa, tem amor pela vida, e, graças a Deus, o perigo já passou.

Depois desse colóquio doloroso com o médico, o casal se pôs a trabalhar a emoção para ajudar a filha, que, na UTI, sob fortes analgésicos, nada sabia da sua condição.

Foram quinze dias internada no centro de recuperação, num tratamento intensivo. Quando apresentou melhoras, já sem os soros tradicionais, num dia bonito, de céu claro e muito azul, foi conduzida para um quarto, engessada do pescoço aos pés, totalmente imóvel, mas com a carinha ingênua e inocente rosada e sorridente. O quarto que a recebia no hospital fora todo enfeitado com almofadas acetinadas e muitas flores campestres. Bonecas e ursinhos estavam espalhados pela sua cama em sinal de boas-vindas.

— Alô, mamãe; oi, papai, cheguei — e dizia isso com a maior candura do mundo, como se tivesse vindo de uma viagem. — Estou toda dura, mas o tio Carlos, que cuidou de mim lá na ala dos doentes, me disse que ficasse bem boazinha que ele logo tiraria o gesso. E até me deu um autógrafo nas pernas. Veja, papai, para mim, se está bonito. Ele me disse que todos que viessem me visitar poderiam autografar. Também, tem bastante espaço para escreverem no meu gesso, o senhor não acha?

Os pais disfarçavam a emoção que lhes ia na alma, escondendo as lágrimas que tentavam cair.

Enquanto ela tagarelava, Alex, ansioso, ajudava a enfermeira a ajustá-la na cama especial que os médicos haviam mandado colocar no quarto. Viviane, por sua vez, tratava de mostrar o mimo que havia mandado confeccionar para recebê-la.

— Nossa — diz Erika —, quanta coisa! Até parece o meu aniversário. Papai, mamãe, eu não posso abraçar vocês, mas vocês podem me abraçar e me beijar. Já não sinto mais dor.

Quando os pais a abraçaram, não aguentaram mais tanta pressão, e os dois, com as emoções desencontradas, debulharam-se em lágrimas ao fazer agrados à filha única, que inspirava tanto cuidado.

— Por que vocês estão chorando? O doutor disse que logo, logo vou ficar boa e vou tirar o gesso. E mesmo com algumas coceirinhas pelo corpo, prometo aguentar, não quero que vocês chorem.

— Ah, princesinha! Estamos chorando, mas é de alegria por você estar conosco e bem. Mas papai e mamãe prometem não chorar mais.

— Veja, querida — e Viviane chama a atenção da filha —, como o dia está lindo. É verão, e as borboletas pousam nos jardins do hospital, como também lá na nossa casa. Sabe, filha, o nosso jardim está muito bonito, com muitas flores desabrochando, como você gosta. Logo que sairmos daqui, eu a levarei para ver as hortênsias e as rosas desabrocharem em múltiplos coloridos. Volta e meia temos visto borboletas pousarem nelas para se nutrir...

— Ah! Tinha esquecido de contar — fala Erika entusiasmada —, enquanto eu dormia, tive sonhos lindos. Sonhei que um anjo me levava para ver a cidade das fontes, mas ele não tinha asas como os das igrejas. Perguntei quem ele era, se era do hospital, e ele disse que era meu anjo e se chamava Charles, mas que eu não me assustasse, porque ele vinha para cuidar de mim e me levar para esse lugar muito bonito. Aí perguntei se era o céu, e se eu não ia morrer, porque só vê o céu quem morre. Então ele respondeu que não, que meu corpo precisava se recuperar enquanto a gente estivesse viajando. O corpo sarava enquanto passeávamos por aqueles belos lugares... Mas que lugar lindo, mamãe e papai! Devia ser mesmo de algum lugar do céu, porque eu nunca tinha visto tanta beleza! As fontes eram muitas e de todas as cores, fazendo maravilhosos movimentos, acompanhados por uma música que acho que era tocada por anjos. Fiquei lá bastante tempo, e o mais incrível foi que vi também muitas crianças, que meu anjo disse que tinham sido levadas pelo anjo delas também, para recuperação, porque estiveram doentes, e que quando dormiam eram carregadas para lá, igual a mim. Por isso, quando cheguei aqui, eu estava tão feliz. Passei pelo céu sem ter morrido!

Os pais se olhavam curiosos e com receios. Será que a filha estava bem da cabeça, se indagavam, pois o acidente podia ter mexido com seu cérebro... Alex, entre dentes, diz à esposa que deveriam falar com o médico sobre esse sonho esquisito, mas deixaram para mais tarde, porque o importante no momento era a recuperação da menina.

Depois de passar mais alguns dias sob as vistas dos médicos, no hospital, Erika teve alta. Poderia continuar o tratamento em casa, apesar de continuar com o gesso.

Passaram-se muitas semanas de torturantes situações, e, numa quinta-feira do final do verão, a menina foi levada pelos pais para retirar o gesso. A partir daí seus movimentos seriam observados pelos médicos, que poderiam realmente avaliar o quanto de dano o acidente havia causado. À medida que o doutor Carlos ia cortando aquela verdadeira couraça, dura e incômoda, que envolvia toda a criança ia sentindo um grande alívio. Ainda que as pernas estivessem muito brancas pela falta de sol, notou que pelo corpo todo não havia feridas causadas pelo tempo que estivera engessada.

Erika estava deitada sobre uma cama especial, e o doutor Carlos brincava com ela e com os pais para diminuir a tensão de todos. Em seguida começou a verificação mais minuciosa.

Levantando o braço direito, mexe com os dedinhos, chega até as pernas. Quando ele toca nos dedos dos pés com uma agulha fina, espetando levemente, pergunta o que a menina sente, e ela responde que não sente nada.

— Não está sentindo nada, mesmo, Erika?

— Não. Deveria sentir alguma coisa?

— Tente levantar a perna esquerda, querida — pede o médico.

— Não sei, tio, não consigo, parece que as minhas pernas estão presas. Estão?

O médico, com o semblante cheio de preocupação, agita-se e inicia ali mesmo a fazer exercícios, levantando e dobrando as pernas da criança por vários minutos. Ajuda-a a dobrar o dorso, deita-a novamente, eleva as pernas por várias vezes, alternando a esquerda e a direita, e depois diz:

— E agora, sente alguma coisa?

— Não, tio, não estou sentindo nada.

O traumatologista, chamando a enfermeira, pede que ela prepare a sala de radiografia e explica para os pais da menina:

— Precisamos examinar a coluna da minha paciente. Quero saber como ficou após a cirurgia e o que foi consertado.

Alex e Viviane quase não respiravam. Estavam estáticos, a fisionomia era de estupor; suavam e não emitiam uma só palavra, aguardando com ansiedade o diagnóstico do médico.

Depois de fazer uma batelada de exames radiográficos, doutor Carlos dispensou-os, mas sempre lhes dando esperanças e os confortando: a recuperação estava dentro do quadro normal. Marcou para fazer novos exames em uma semana, quando seriam feitas novas observações.

Capítulo 5

A lenta recuperação

Que dias tristes foram aqueles, e de expectativas não animadoras! A criança mexia as pernas muito pouco, com a ajuda da mãe, e isso era uma constatação. Os pais pressentiam algo grave. Estava claro que Erika tinha alguma coisa que não estava funcionando, pois, em três meses de tratamento, pouca coisa tinha evoluído depois do acidente.

Marido e mulher confidenciavam-se.

— Meu Deus! — diz Viviane. — Será que a nossa filha nunca mais vai caminhar?

— Bem — responde Alex —, somente o médico nos esclarecerá sobre esse assunto, quando formos lá, na terça-feira. Não vamos nos precipitar em angústias, nos afligindo ainda mais.

Nesse meio tempo, o grupo de amigos espirituais também os acompanhava. Eles sabiam que Erika teria sim alguns problemas, mas não ficaria numa cadeira de rodas. Os acontecimentos estavam dentro do que havia sido planejado.

෴

Chegando o dia combinado, lá estavam eles no consultório, aguardando. Quando chegou a vez, foram chamados pela enfermeira, que os encaminhou ao gabinete médico. À entrada, as saudações normais, aperto de mão, beijo na criança. Sentam-se e esperam o diagnóstico do médico.

— Bem... na vida estamos sempre conquistando ou procurando alguma coisa: é uma eterna luta — começou falando o médico —, perdemos umas, ganhamos outras e empatamos muitas. O caso de Erika não foge à regra. As radiografias acusam uma microfenda na terceira vértebra lombar, justamente a que se ocupa dos movimentos das pernas. Com o crescimento e a solidificação dos ossos, a tendência é desaparecer. Contudo, é o cérebro que comanda os movimentos. Se iniciarmos imediatamente a fisioterapia intensiva, as vértebras poderão ser conduzidas pelo cérebro, até reduzir a falta de espaço, que é mínima. Entretanto, só o tempo nos dirá se ela realmente irá caminhar bem. A partir de hoje, estarei, sempre que possível, junto com vocês, para acompanhar e orientar o andamento da terapia.

— Doutor, o que está nos dizendo, pelo amor de Deus? Não há nada conclusivo nessa sua resposta — queixa-se a mãe da menina. — Quer dizer que somente o tempo nos dirá se nossa filha vai caminhar ou não? — e lágrimas copiosas começam a correr céleres pelo belo rosto da mulher, que não se conformava com as respostas do médico.

— Não se precipitem, eu não disse que ela não vai caminhar. O que vai acontecer é que vai demorar um pouco mais para ela caminhar bem.

O pai tornou-se mudo e taciturno, como que meditando sobre aquilo que estava ouvindo.

— Quer dizer então, doutor, que isso é definitivo? O senhor não tem mais nada a acrescentar? — insiste Viviane.

— Um momento, em se tratando do caso de Erika, nada é definitivo. Inclusive estou para participar de um congresso na Europa. É justamente sobre esse assunto que quero falar com vocês. Levarei comigo as radiografias, a tomografia e os exames para apresentar aos meus colegas e, quem sabe, virei de lá com perspectivas animadoras. Repito, para ficar bem claro: nada é definitivo no caso de sua filha. O importante agora é arregaçar as mangas e mergulhar na recuperação da menina.

O médico pega o interfone e chama alguém que já o está esperando, porque nem bem desliga o aparelho, e um homem miúdo, de óculos de aros grossos, com um belo sorriso no rosto, chapéu na mão, cumprimenta a todos e pede licença para entrar. Doutor Carlos levanta e vai ao seu encontro cumprimentando-o efusivamente; depois, apresenta-o ao casal:

— Este é o meu colega japonês com nome brasileiro, Marcos Nagazaque. Ele é quem ficará responsável pelo caso de Erika, na minha ausência. Marcos dirige uma clínica especializada na linha oriental, para portadores de deficiências físicas. — E olhando para o casal, fala: — Não se impressionem com as palavras; entretanto, é melhor irem se acostumado com a ideia, porque, para onde vocês vão levar a menina, encontrarão paraplégicos de toda ordem, desde criancinhas até pessoas idosas. Mas afianço: aqueles que vão encontrar são assessorados por psicólogos que levantam o ânimo e as esperanças dos que lá estão. E digo mais: se a vértebra comprometida de Erika fosse no pescoço, aí sim, o caso seria irreversível; contudo, como não é, as chances de caminhar em seguida são bem maiores.

Marcos Nagazaque, ao se dirigir aos pais da menina, fala com muito otimismo:

— Uma coisa é certa em Medicina: há casos e casos, e, como diz Carlos, nada é definitivo, principalmente agora que a ciência está investindo na bioenergia e na experimentação de técnicas biônicas. Em países de primeiro mundo, os aparelhos sofisticados estão ganhando terreno na evolução tecnológica, com recursos inestimáveis para ajudar o homem.

Carlos, meneando a cabeça, concorda com o colega.

— Bem — diz ele —, por hoje é só. Há na antessala uma enorme clientela para ser atendida. A partir do mês que vem o tratamento fica sob a responsabilidade do colega. No entanto, amanhã, pela tarde, já começaremos o tratamento especializado na clínica dele. Erika no começo terá algumas dores incômodas, por isso vou receitar alguns analgésicos junto com os anti-inflamatórios.

Capítulo 6
O tratamento

O casal sai da clínica do médico com sentimentos entre desanimado e esperançoso, desejando acreditar no melhor.

Chegando a casa, Viviane acomoda a criança em seu quarto e vão tratar do lanche da noite. Mais tarde, ouvem um choro tímido, vindo do quarto da filha, e correm os dois para lá, encontrando Erika em pranto, desconsolada e estendida no chão. Não compreendia, na sua ingenuidade, o problema de não poder caminhar.

— Filha, minha filhinha — diz a mãe, condoída com a situação correndo para ajudar a filha —, espere que vou ajudá-la, venha, querida, para o meu colo.

E se agachando, toma a menina do chão. A criança estava desapontada.

— Mamãe, será que nunca mais vou poder andar?

— Não diga uma bobagem dessa, minha querida. Ah, lembrei, você não tem sonhado mais com seu anjo Charles?

— a mãe falava mais para desviar o assunto, porque a menina adorava falar sobre esses encontros.

— Sim, mamãe, tenho sonhado com ele e, como sempre, me leva para um lugar onde as fontes com seus coloridos enfeitam o ambiente e se movimentam conforme as músicas dos anjos, eu já havia lhe dito. Quando venho de lá, mamãe, fico com muita saudade, mas ele disse que é necessário retornar, que o meu lugar é aqui. Eu queria tanto ficar mais um pouco lá. Ah, que lugar maravilhoso!

E a conversa fica por ali, porque Erika já estava entretida com outras atividades.

Alex, assistindo a toda aquela cena comovedora, não suporta e sai quase correndo do quarto, com a emoção desequilibrada. O relacionamento entre eles agora era diferente, pois a dor se interpunha como adversária e, do seu trono, reinava. Dentro do seu escritório dá vazão ao desespero. Ele, que, na presente encarnação, nunca havia se importado com Deus, nem seguido nenhuma religião, sente naquele momento como se algo do fundo do coração lhe implorasse para orar. Assim, começa uma prece. É verdade que primeiro com ideias desconexas, mas pelo menos já se lembrava de um Ser superior, acima do bem e do mal, no entendimento dos homens. Do seu lado, um amigo espiritual regozijava-se de seu feito. O simples fato de orar já é uma das grandes virtudes que um ser humano pode ter.

Pouco depois, Erika, após um banho reconfortante dado por Viviane, estava com melhor aspecto. O engenheiro por sua vez, depois de orar, sentia-se mais aliviado e confiante, e Viviane, após a conversa com o médico, tinha ficado mais animada.

O grupo de benfeitores espirituais que os acompanhava de perto os incentivava sempre a ter bons pensamentos e a praticar a oração, que alivia e fortalece.

※

Erika continuava fazendo a terapia com o doutor Nagazaque, e, diga-se de passagem, com algum progresso, lento, mas já se via alguma coisa promissora. As pernas permaneciam dormentes, mas não insensíveis, entretanto a coragem dela e a tenacidade dos pais não esmoreciam e isso já era bastante animador.

Doutor Carlos chegara do seu estágio. Por meio de correspondências, estivera a par do tratamento de Erika e vinha esperançoso, apesar dos poucos resultados, mas era animador. Trazia na sua bagagem muitas novidades, das quais algumas eram para o caso da criança.

Após uns dias de descanso da exaustiva viagem, retorna à clínica e manda chamar a família Medeiros. Exultantes, atenderam imediatamente ao convite. Ao chegarem ao consultório, o médico já os aguardava. Cumprimentos daqui, cumprimentos dali, Carlos toma nos braços a frágil menina, que havia crescido e também emagrecido. Uma pontinha de tristeza e melancolia se manifestava no rostinho dela.

— Oi, doutor, o senhor demorou a chegar — falou a menina, quase em prantos —, todos nós estávamos esperando com ansiedade. Ainda não consigo caminhar e, de noite, quando vou dormir, tenho muitas dores. Será que eu vou morrer? Sabe, minha amiga perdeu o pai, e os meus colegas disseram que morrer é ruim, porque nos jogam debaixo da terra e os bichos vêm nos comer.

— Erika, o que é isso, minha filha? — repreendeu Alex, espantado com o que a menina disse. — Outra vez esse mesmo assunto? Já faz tempo que o pai de Michele morreu.

— Venha cá, minha menina, dê um beijo e um abraço bem forte no tio Carlos, que estava morrendo de saudades da paciente mais bonita e charmosa que já tratei.

— O que o senhor acha, tio Carlos? Quando é que vou andar? Fico triste quando vejo minhas amiguinhas brincando na calçada da minha rua, empurrando seus carrinhos com suas bonecas e às vezes pulando corda.

— Tenha paciência, princesinha. Não é assim que seu pai a chama?

— É, tio, mas uma princesa presa, sentada em uma cadeira de rodas. — E diz suspirando fundo: — Ah, que vida! — talvez imitando a mãe.

— Bem, chega de lamúria — fala, rindo, o médico —, vamos ao tratamento.

E passando para a sala de testes examina-a minuciosamente por um bom tempo, depois diz aos pais:

— Apesar de todo esse exame minucioso, não posso diagnosticar corretamente. Lamento não termos aparelhos mais sofisticados como os dos Estados Unidos. Embora seu plano de saúde cubra todos os que por hora temos aqui, mesmo eles não são tão exatos nem dão resultados confiáveis que nos permitam uma posição clara. Se fosse diferente, aí sim, as respostas da situação traumática de Erika seriam exatas. Assim mesmo vejo progresso, pequeno a bem da verdade. No entanto, teve progressos na recuperação, embora não muito visíveis. Dormência significa que a vértebra atingida e as que estão próximas a ela estão se esforçando para alcançar o ritmo que lhes é peculiar. Estive conversando pelo telefone com Nagazaque, ele apenas questiona a recuperação muito lenta — disse depois aos pais —, mas, no meu entendimento, devagar sim, isso é verdade, mas progressiva. Logo, é um bom sinal.

Toca a campainha, e logo uma porta se abre e entra uma enfermeira sorridente, com pacotes na mão para entregar ao médico. O doutor Carlos senta a menina em cima da escrivaninha de madeira e, rápido, começa a desamarrar um a um os pacotes:

— Não me esqueci de você na minha viagem e trouxe alguns presentinhos. Isto é um ursinho com seus filhotes amarrados na barriga, gostou?

A menina batia palmas de satisfação.

— Esta é uma boneca que você dá corda e ela engatinha. Isto aqui — e mostra um aparelho — é um aparelho que se coloca na ponta dos pés para fazer circular o sangue.

E ainda surgira um par de patins, como estímulo para a melhoria, e um relógio colorido que dizia as horas em espanhol, ao que ele explica:

— Tem de estudar o idioma, viu?

— Tio, o que é espanhol e o que é idioma?

— Nossa — exclama o médico —, as coisas com você têm de ser bem explicadinhas, seus pais têm razão quando falam que você é uma garota muito tagarela!

Assim, doutor Carlos toma o estetoscópio e conclui o exame, auscultando a frente e as costas da enferma, e arremata:

— Afora as pernas, tudo vai muito bem com sua filha. Nagazaque fez um bom trabalho — elogiou olhando para seu colega, que acabava de entrar, após bater à porta.

— Vim logo que pude, estava com muitos compromissos — explicou Nagazaque.

— Então, colega, você não acha Erika a mais charmosa das nossas pacientes?

— Sim, sim — fala o japonês, meio desengonçado no seu linguajar —, você mandou me chamar, mas nas cartas que lhe enviei coloquei-o a par de tudo o que se referia à nossa menina Erika. E, então, o que achou dos meus cuidados?

— Ah, Zaque, é um desconsolo. Enquanto no Brasil a ciência caminha a passos lentos, no exterior ela alça voos inimagináveis e conquista o espaço no mundo. Entretanto, a sua dedicação foi espetacular: superou as minhas expectativas. A meu ver, Erika está ótima, e com um pouco de sorte voltará a caminhar, a cura está se dando progressivamente.

Erika, que a tudo ouvia com interesse, ao escutar as boas novas do médico, ri e chora ao mesmo tempo, acompanhada pelos pais que também participam da emoção da filha. Carlos, para quebrar o clima tenso, ergue a menina suspendendo-a no ar, e ela, leve, ri de contentamento. Então, o médico, estufando o peito, remata:

— Entrego o meu diploma se não a puser caminhando.

O colóquio parecia mais familiar do que clínico, tal a harmonia e amizade que exalavam naquele encontro, na sala daquele consultório. Após algumas recomendações de praxe, a família Medeiros se retira, com seus corações envolvidos por uma doce esperança de curarem a filha e de a verem de pé e caminhando.

Capítulo 7

Retornando ao lar

Ao chegar a casa, Alex pega a filha no colo e a leva para dentro de casa, como se carregasse uma joia preciosa.

Viviane, ainda com os olhos cheios de lágrimas, tentava disfarçar a emoção.

Alex estava às voltas com o seu ganha-pão, assoberbado com os altos custos que o tratamento da filha impusera, embora seu plano ajudasse — e muito — nas despesas, como consulta, hospitalização etc.

Viviane atira-se às listas de classificados dos jornais para conseguir um emprego que viesse a auxiliar nas despesas de casa, apesar dos protestos veementes do marido. Embora vivendo em época da liberação feminina, em que as mulheres buscam competir no mercado de trabalho, junto dos homens, Alex, de educação tradicional, não fora influenciado pelas mudanças. Para ele, o homem era para manter a família, e a mulher para exercer as prendas domésticas e educar os filhos.

Viviane lutou, pesquisou e achou o emprego que lhe serviu na medida. Teve de revisar tudo o que aprendera na universidade, inclusive sentar-se à frente de um computador e treinar exaustivamente.

E com a coragem e o diploma na mão, apresentou-se em uma empresa de advocacia muito conceituada na cidade. Fez teste e foi aprovada, negociou o salário e, no dia imediato, apresentou-se para trabalhar.

Alex tinha gastado todas as suas reservas com o acidente da filha, e, já na época, as empresas de engenharia passavam por crise, arrastadas pela economia falida do Brasil.

Apesar de magoado, ele sabia que Viviane tinha razão, precisavam aumentar com urgência o orçamento familiar, em benefício da filha quase paraplégica.

Passou-se um ano do acidente, e a terapia continuava intensiva junto com doutor Carlos e na clínica de Nagazaque, e os médicos sempre otimistas no tratamento de Erika.

Quando ela completou sete anos, foi matriculada na primeira série, e nessa época o progresso aparecia sobremaneira. Com novos procedimentos médicos aliados à tecnologia do doutor Carlos e com a ajuda de muletas, a menina conseguia mover as pernas, apesar do esforço tenaz que isso exigia.

Na escola era muito amada, mas, como sempre acontece nesses casos, às vezes aparecia alguém que caçoava de sua invalidez, deixando-a triste e desconsolada.

Erika era uma menina de inteligência acima da média. Sua compreensão ultrapassava a sua idade, assim como seu carisma cativava a todos, por isso criava inveja em muitos.

Sempre, na hora certa, na saída da aula, lá estavam ou Alex ou Viviane, para levá-la para casa.

O tempo foi passando, e Viviane, pela sua tenacidade, competência e disciplina no serviço, passou de estagiária a chefe, graças também a seu talento e inteligência, dando sugestões aqui e ali, encantando seu chefe, que, reconhecendo o seu esforço, deu-lhe um cargo de responsabilidade, com isso aumentando também a remuneração. Alex, apesar de saber da necessidade de sua mulher trabalhar, não se conformava em vê-la fora de casa por mais de oito horas, e até ciúmes começou a ter.

O chefe de Viviane, um senhor de presumíveis sessenta anos, de cabelos grisalhos e fisionomia simpática, tomando conhecimento do problema que envolvia a menina, numa conversa fraterna com a eficiente auxiliar, abordou temas ligados à "Lei de Causa e Efeito", explicando que nada acontece no mundo injustamente, que há causas e causas e, consequentemente, efeitos e efeitos.

Viviane, que nunca se conformara com o que aconteceu à filha, responde com um tanto de irritação e azedume:

— Que fez minha filha, que é boa, gentil, sem pecados, para ter tão triste sorte, para Deus castigá-la assim? E nós, o que fizemos para passar por tão grande provação? Afinal, que me lembre, nunca fiz mal a ninguém, nem o Alex. Vivemos sempre para nossa família, e ele, para seu trabalho. Onde está a justiça, com tanta disparidade acontecendo? Vemos hoje tanto descalabro e maldade, e, no entanto, nada acontece aos infratores. Logo, onde está a lógica, se lógica existe em nosso viver?

— Estimada Viviane, você por acaso tem religião?

— Claro, como todo mundo.

— Não — diz o bom senhor —, refiro-me a praticar a religião que professa.

— Bem... De vez em quando vou à missa, cultivo os feriados santos, enfim, como todo mundo, respeito o Natal, a paixão de Jesus, Corpus Christi... é isso aí. Considero-me uma pessoa de crença, que mais poderia ser?

— Viviane, você é uma pessoa inteligente, e acredito que saiba disso, e se contenta com essas exterioridades? A vida para você se resume em respeitar feriados?

— Ahn... hum, bem, com a doença de Erika o tempo ficou escasso para outras atividades; a disponibilidade, fora do emprego, é toda ela usada em função de minha filha. Mas que poderia eu fazer pela religião que professo? Não seria ela que teria de fazer algo por mim? O senhor há de convir que passamos por maus momentos, e muitos questionamentos ficaram na minha mente, sem resposta. Afinal, religião envolve muitos mistérios, e não sou eu que vou desvendá-los. Quem sou eu, doutor Celso, para me intrometer em coisas que os séculos não solucionaram? Assim, vou vivendo como Deus quer, ou melhor, sobrevivendo.

Celso, olhando-a firmemente, como querendo lecionar temas eternos, argumenta:

— Pois lhe digo que você está redondamente equivocada, querida. Nosso nascimento na Terra é embasado em comprometimentos grandes e aprendizados permanentes, dos quais não podemos em sã consciência nos afastar. Mesmo o nosso planeta azul sendo uma prisão para milhões de espíritos, principalmente nas zonas de trevas, de onde não podem sair, nem para ver a luz do Sol, não estão condenados eternamente, pois depende apenas deles, de aceitar as verdades eternas, assumir seus erros e, humildemente, aceitar ajuda daqueles que constantemente vão lá, com amor, tentar o resgate desses rebeldes. As perspectivas de evolução, tratando-se do espírito e do mundo espirtual, são de infinitas oportunidades de progredir e crescer para ser feliz, e são imensas, e só dependem do esforço de cada um alcançar o objetivo. A felicidade, minha cara, é o sentimento que todos buscamos, e cada um conquista segundo seus postulados, mas que ela existe, existe!

Naquele momento, seu chefe estava sendo inspirado pelos seus amigos espirituais para que ela acordasse para os compromissos assumidos perante si e a vida, pois, mesmo vindo de uma colônia com planejamento a ser cumprido, seu livre-arbítrio era respeitado.

— Nossa, doutor Celso! Já passei por muitos aprendizados, não me faça filosofar agora, nem pensar. Para mim basta o que entendo da vida hoje. O que me interessa mesmo é curar a minha filha, viver para minha família e, é claro, trabalhar no que gosto. O senhor acha que isso não basta?

— Bem, não é a isso que me refiro. Há uma doutrina filosófica de aprendizado humanista que diz que só a experiência e o entendimento sobre as coisas do espírito nos fazem compreender o porquê da nossa vida. Você já se perguntou de onde veio, por que veio, para onde vai? Já se ouviu para saber quem é você? Quem é essa pessoa que ama, que sofre, que tem sonhos, frustrações para o hoje e o amanhã e que certamente deseja ser feliz para sempre?

— Doutor, para lhe ser sincera, não sou muito chegada a filosofar ou a me questionar. Por acaso não nos diz a religião que somos criados no ato da concepção? Logo, já tem a resposta para o "de onde vim". E quem eu sou? Ora, ora, eu sou o que o registro de nascimento constatou: uma pessoa do sexo feminino e, com o passar dos anos, vou escrevendo a minha vida no livro da própria vida, como: meu caráter, minha identidade, minha profissão, meu casamento, minha família, é... é isso aí.

— Por Deus, menina! Está desprezando a sua inteligência. Então, para você isso é suficiente?

— Ahn, bem... bastar não basta, mas, com tantos afazeres, o senhor acha mesmo certo me ocupar de coisas que ninguém sabe explicar e que são m-i-s-t-é-r-i-o-s? — Falou Viviane soletrando e frisando cada letra em tom de deboche.

— Você está enganada e mal informada, há muito mais gente que também não sabe, tentando entender o porquê de nossa vida aqui no planeta Terra.

— Sugiro ao senhor deixar o problema das indagações sobre esses mistérios para os filósofos; a solução, para os teólogos, e, para os cientistas, a investigação, até melhorar nosso planeta. E, aqui entre nós, as questões do dia a dia. Por enquanto, é o que me basta.

— Tudo bem, dona sabichona do dia a dia, mas a hora urge, e estamos no fim do expediente. Deixemos nossa conversa para outra oportunidade e, então, não lhe farei mais perguntas, será a hora da argumentação. Acho que a sua inteligência merece ser cultivada. Digamos que lhe estou oferecendo um presente metafísico.

— Nossa, só a palavra me dá calafrios. Está bem, fica para outra vez, ainda tenho de averiguar o processamento dos dados da jurisdição em que o grupo está trabalhando.

Capítulo 8

A reflexão

Viviane entra em seu carro e pega o caminho de retorno ao lar. Enquanto vence a distância, vai pensando no que havia conversado com seu chefe. Ela não estava sozinha; tinha a companhia de sua mentora amorosa, que tentava inspirá-la, fazendo-a ponderar de maneira questionadora, mas racional. Alguma coisa ela precisava conjecturar sobre sua vida e sobre sua família e os acontecimentos. Tudo isso a fazia pensar no que acreditava e no que o seu chefe falara. Reflexionando! Fazendo uma comparação.

— Meu Deus — exclamava para si mesma —, como tem gente maluca neste mundo! Imagine, eu me preocupar com o quê, onde e para quê! Nesta vida doida que vivemos, na busca do pão de cada dia, vou eu lá ter tempo para me questionar e acabar perturbada, como a prima Lu, coitada, às voltas com psiquiatras e hospitalização, todos a chamando de doida ou "a Lu louca". Nossa! Só de pensar tenho arrepios. O acidente de

Erika me absorveu de tal forma, com as intermináveis consultas e fisioterapia, que até me ajudou a viver sem buscar o sentido da vida, se é que a vida tem sentido. Ah, meu Deus. Eu e Alex nos esquecemos totalmente de nós, envolvidos nos problemas de nossa filha. Eu, que era tão vaidosa, cheia de cuidados com a pele, com as unhas, abdiquei de tudo isso. O cabelo, chanel, acabei usando-o curtíssimo para não me dar trabalho. Antes cuidava muito da minha silhueta, gostava de sapatos altos, roupas mais caprichadas; hoje me resigno a usar calças compridas surradas e tênis naturalmente confortáveis, para dar conta de tudo!

Enquanto deslizava pelas avenidas para chegar a casa, Viviane fazia um balanço da sua vida sem atrativos e de muitas aflições. Vivia no mundo, mas não participava dele. A conversa com o advogado Celso, profissional conceituado na cidade pela capacidade e seriedade, foi o que acordou nela a reflexão, passo a passo, sobre a sua vida até aquele momento. Ela então olha no espelho de si mesma e chega à conclusão de que não gostou do que viu. E o que enxergou? Uma mulher obstinada em dar à filha o que a vida lhe tinha roubado, uma infância saudável e alegre, descompromissada, como a que ela própria tivera na sua meninice.

Adelina, a sua mentora, assoprou-lhe na mente belas palavras:

"Na fonte das lágrimas de um pretérito não muito feliz e não muito distante, a reencarnação se cala e dá espaço para a vida do hoje."
— E lhe diz num tom de grande ternura:

— *Há quanto tempo minha querida não chora? Há quanto tempo seus olhos não são inundados por lágrimas, por essas pequenas gotas que parecem nascer em nosso coração? Há quanto tempo?*

"Assim como o fenômeno natural da precipitação atmosférica, a chuva, realiza o trabalho de purificar a terra, a água e o ar, também nossas lágrimas têm tal função em nosso íntimo, de nos lavar e nos arejar a alma."

E Viviane, ouvindo-se no fundo de si mesma, entrega-se àquela correnteza onde a opressão que tomava conta de sua emoção deságua numa torrente de lágrimas não contidas, e assim pôde entender que se encontrava meio perdida, magoada com tudo, escondida da vida. Sem crença legítima, sem fé verdadeira, deixara-se levar pela situação, esquecendo-se de investir em si mesma. Mas ela não sabia que os espíritos amigos olham por todos os seus tutelados e os ama. Ela não estava sozinha, e eles buscavam caminhos para que acordasse, pois trazia em si experiências de existências anteriores e nem sabia que existia dentro de si a ideia da imortalidade.

As palavras de Adelina ecoavam em sua mente como se fossem elucubrações de si mesma.

Quando se deu conta, já passava das oito horas, e o céu lentamente escurecia. As estrelas, como pirilampos engastados, encantavam a noite agora limpa de nuvens. "Meu Deus", pensava enquanto dirigia, "o que faz uma conversa num nível filosófico. Com isso acabei fazendo um balanço da minha vida, do quanto fui feliz e do quanto sofri, como se Deus quisesse me punir dos momentos de felicidade que tive com Alex e minha filha."

Um tremor que movimentava seu queixo e seu lábio inferior denotava a mágoa que carregava na alma, e ela continuou a pensar: "Por que tudo isso? Nunca fizemos mal a ninguém, por que a má sorte logo com a minha filha? Como se processa tudo isso? Aleatoriamente? Como se fosse pinçado um grão qualquer num milheiro? Mas, não é que doutor Celso tem razão? Quem sou eu? Quem somos nós? De onde vim e para onde vou?

Vivemos, pensamos, agimos e... morremos. Deixando a Terra, para onde vamos? E em que nos tornaremos? Viveremos eternamente? Seremos ou não seremos?"

Contudo, ideias desencontradas pela inspiração de Adelina a faziam raciocinar sobre as palavras de Celso com mais aceitação.

A cabeça de Viviane era um mar de interrogações, sofria e queria saber. Estava sedenta demais e precisava ir até o fim. E concluiu:

"Amanhã mesmo vou retornar à conversa com o doutor Celso. Parece que a sua indagação faz sentido, a ponto de me acertar profundamente e fazer com que se rompa o dique que estava preso lá no fundo de mim. Estou melhor, estou quase feliz, afrouxei a guarda. Por Deus, o desastre poderia ter sido muito pior, eu poderia ter perdido a minha filha, e, no entanto, ela foi resgatada e salva. Deus existe, e não há como não acreditar Nele, isso é inquestionável. Mas que mistério envolve seu Ser! Como entendê-Lo? Como funcionam seus desígnios, suas leis harmonicamente traçadas no Universo, com os sóis, os planetas, os satélites, as constelações, tudo no seu devido lugar? Não creio num Deus místico, dogmático, isso repugna meu entendimento, mas sempre acreditei num Deus maior, apesar de nunca ter me aprofundado nesse assunto. Isso me satisfazia, mas agora tenho sede e interesse de conhecê-Lo melhor. Ah! Doutor Celso, o senhor é um mágico", pensava, "bastou colocar dúvidas dentro de mim e aqui estou eu, em plena estrada, com muito mais questionamentos. Vai ver que o senhor tem um pouco de psiquiatra. Psiquiatra não, psicólogo. Amanhã mesmo não o deixarei escapar."

Viviane, quando se deu conta, estava na alameda que dava para a rua onde morava. De longe já enxerga Alex e Erika, com sua cadela, que a aguardavam. Alex, entre apreensivo e irritado, assim que ela desce do carro, resvalando nas sandálias, não resiste:

— Aconteceu alguma coisa, furou o pneu do carro? Ficamos preocupados, está atrasada mais de duas horas. Será que pode me contar o que houve?

— Calma, Alex, você fez tantas perguntas, me atropelou com tanta indagação, que ainda não me deu chance de responder a nenhuma. Entremos.

E olhando a filha que não dera nenhuma palavra, apenas observando a discussão, falou:

— Oi, filha, está zangada com a mamãe, também?

Erika abre os braços assustada e abraça a mãe, chorando copiosamente.

— Meu Deus — exclama Viviane —, nunca pensei que um pequeno atraso viesse a causar tanto transtorno. Olhe para mim, filha. — E levantando o queixinho da menina: — A chuva e o tráfego me retiveram na rua, mas está tudo bem. Vamos, entremos, quero tomar um banho gostoso!

Capítulo 9

O aconchego familiar

Todos entraram. Erika ficou às voltas com sua cadela, Lady, branca como a neve e enfeitada como uma boneca.

Viviane foi direto para o quarto, entrou no banheiro e tomou um banho quente e agradável. Enquanto se enxugava, Alex, à porta, pergunta:

— Como é, querida, está tudo bem, não necessita de mim?

— Já estou de saída. Ligue a cafeteira elétrica para um cafezinho, está bem?

— Sim, é pra já.

Aonde ia o pai, Erika ia atrás, ainda de aparelhos nas pernas, mas caminhando sem grande dificuldade, tagarela, aturdindo o genitor com perguntas, assuntos do dia e naturalmente queimando de curiosidade para saber do atraso da mãe.

Enquanto o café era preparado, o cheirinho exalava pela casa, dando um ar de cordialidade. Viviane, com uma toalha enrolada na cabeça, em forma de turbante, vestia um roupão estampado de florezinhas miúdas multicoloridas. Encaminha-se para o rádio, ligando-o, e exclama:

— Esta casa está muito triste, espantemos o mau agouro com melodias.

E ensaia alguns passos com a música agradável que satura o ambiente, enquanto o marido traz o cafezinho quente e gostoso para obsequiá-la.

— Hum! Que gostoso, está ótimo! Isso é que é ter um maridinho bom e compreensivo, e, soltando a xícara, lança-se ao pescoço dele, beijando-o e abraçando-o com ternura e amor.

Erika, encantada com o arroubo da mãe, alegra-se com a perplexidade de Alex que, estranhando a atitude da esposa, olha-a um tanto desconfiado.

— Estou estranhando toda essa felicidade, o que aconteceu, afinal?

— Então não se pode mais ser feliz nesta casa, sem motivo?

— Ora — diz ele, meio atrapalhado —, você há de convir que o nosso habitual não é esse, até fico sem jeito.

— Amor, sentir emoção e expressá-la nunca foi feio. Concordávamos antes nisso, pois continua o mesmo agora, sem pecado mortal — e pôs-se a rir, totalmente descontraída. — A chuva lavou-me por fora e por dentro. Quando vinha para cá, fiz uma retrospectiva de nossa vida e resolvi dar um basta ao ressentimento e às mágoas represadas. Pensando bem, há no mundo coisas muito piores do que as que passamos, e compreendi que, quando temos oportunidade para viver momentos de descontração e alegria, devemos ter a satisfação de expressá-las sem medo.

Alex olha Viviane bem fundo em seus olhos e diz, algo receoso:

— Não sei se curto a antiga Viviane ou se fico na defensiva com essa nova pessoa que se apresenta, aguardando que a outra volte e ocupe o lugar em que estava!

— Ah! Alex, meu querido, com qual das duas você prefere ficar?

— Eu sugiro que as duas se fundam para haver equilíbrio.

Viviane, bem-humorada, solta uma gargalhada, senta-se na poltrona da sala de estar conjugada com a sala das refeições, mostrando no seu chinelinho um pé bonito e delicado, apaziguando o marido.

— Amor — fala com meiguice —, como a chuva estava muito forte, resolvi parar para não correr nenhum risco de acidente. Aí aproveitei para pensar nas coisas que aconteceram recentemente.

— Hum — Alex fala recolhendo os pratos e xícaras da mesa. — Que chuva milagrosa foi essa que lhe fez bem? Você está mais solta, menos tensa e melhor, de bom humor.

— Querido, cheguei à conclusão de que a vida é cheia de meandros, entre buscas, encontros e ganhos. Não é justo que apenas alimentemos suas perdas, com tantas coisas para apreciar. Não concorda comigo?

— Viviane, acalme-se. Deixe-me respirar profundamente, falava, caçoando, preciso degustar bem devagarinho esta sua nova faceta e depois, molemente, digerir suas novas concepções de vida, natureza, terra...

— Mas... Ahn... — ela fica meio sem jeito — é tão difícil assim afrouxar a guarda, relaxar e não ter prevenção contra a vida? Não somos robôs, só às voltas com processamentos disso e daquilo, sem emoção, sem prazer. É certo que o problema de Erika nos deixou frágeis e assustados, digamos até desarvorados, mas não é o fim do mundo, tanto é que sobrevivemos todos nós ao acidente. Alex, precisamos reformular para sentir o sabor gostoso de estarmos vivos e aqui, trocando afeto e energia.

— Meu Deus! Será que não estou sonhando? Erika, venha cá, faça um favor ao seu pai, belisque bem forte o meu braço, quero ter certeza de que estou acordado e não dormindo e, é claro, tendo bons sonhos. Vamos, querida, não se acabrunhe.

Erika intimida-se com aquela reação inusitada.

— Eu não quero machucá-lo, não vou beliscá-lo — falou com firmeza.

— O que é isso, querido?! Não ligue, filha, seu pai está apenas brincando.

Alex, mais relaxado, saboreando a nova mulher que emergia da sua própria esposa, sorria muito, tomando nos braços a frágil Erika, beijando-a gostosamente e entretendo com ela um papo agradável:

— Querida, estava brincando. Sua mãe chegou tão bem, e, entretanto, estávamos tão preocupados, que resolvi aplicar uma peça para descontrair. — E beijando-a, suavemente, e fazendo-lhe carinho nos cabelos, diz: — Vá, vá para seus brinquedos e divirta-se com eles, não se preocupe, está tudo bem.

— Está bem — diz a menina, comportada, apressando o passo com as pernas sob os aparelhos.

Capítulo 10

As indagações filosóficas

A pós aquela conversa singular com seu chefe, Viviane não parou mais de indagá-lo sobre assuntos da vida, nos finais da tarde, quando o trabalho era menos intenso. Ficava prestando atenção nos questionamentos e argumentações que, de certa forma, a liberavam de emoções reprimidas e dos ressentimentos que tinha contra a vida.

Aos poucos, doutor Celso foi lhe colocando nas mãos livros filosóficos que se referiam à ciência espírita e que respondiam às interrogações para as quais ela tinha sede de resposta: "Quem sou?", "De onde vim?", "Para onde vou?".

Viviane tornou-se uma voraz leitora dessa filosofia libertadora e, quando o tempo permitia, lá estava ela bebendo os conhecimentos daquele homem ímpar, advogado de suas próprias causas.

A firma crescera consideravelmente, e, com isso, também o quadro de funcionários. Viviane, antes gerente da empresa de advocacia, agora era diretora, passando à condição de administradora do órgão, junto com os outros sócios.

Com a mudança na forma de encarar a vida, Viviane acabou também influenciando o esposo, que aderiu às suas ideias, participando da filosofia espírita com uma mentalidade positiva. Apaixonado e renovado, cresceu profissionalmente. Finalmente, não se achava mais injustiçado com o acidente da sua filha, deixando que seus talentos aflorassem. Com seu entusiasmo, estimulou os outros colegas a verem a vida por uma ótica positiva, e, com isso, os negócios foram progredindo. Como resultado, ganharam, em uma licitação da cidade, o encargo de reformular e reformar o museu, a biblioteca municipal, o fórum e a casa de cultura, embelezando o patrimônio da cidade, e ainda reformando o centro administrativo da prefeitura. Como a prosperidade bafejou a família Medeiros, Alex achou que estava na hora de trocar de casa. Escolheu um bairro residencial e construiu uma bela casa, num terreno amplo, e ainda continuou investindo na última etapa da recuperação da filha, isto é, caminhar sem ajuda de muletas e aparelhos.

Por sugestão de seus antigos médicos, Viviane, junto com a filha, partiu para os Estados Unidos da América, mais precisamente Detroit, devidamente recomendada a um grande traumatologista, sumidade na área de técnicas avançadas ainda não divulgadas ao público. Erika, na época, estava com quase treze anos, e a perna que fora fraturada em três partes ainda causava problema e tinha uma diferença, embora pequena, em relação à outra. Assim, usava um dos sapatos com a sola mais grossa para manter a mesma altura da outra perna, mas a vértebra tinha feito o seu trabalho, a fenda desaparecera graças ao seu crescimento.

As expectativas foram as melhores. Em sua estadia nos Estados Unidos, Erika ficou aos cuidados médicos do doutor Edward por um tempo, entre operações de pequeno porte na coxa, maciças fisioterapias e medicamentos. Por algum tempo usou uma pequena prótese, que logo pôde ser retirada pelo ótimo progresso que conquistou.

Enquanto esteve fora do Brasil, a menina ficou sob os cuidados de uma amiga da família, uma professora brasileira que vivia nos Estados Unidos e que se responsabilizou pelas aulas das principais matérias que ela precisaria para prestar exames aqui no Brasil. A novidade é que Erika possuía sensibilidade musical e inscreveu-se para estudar violão nas horas vagas do hospital, e, com paciência e inteligência, dominou as cordas e o inglês. Por brincadeira, gravava as composições de sua autoria e as enviava para os pais. Quando eles recebiam a encomenda e ouviam aquela doce voz de adolescente falando do Brasil, de sentimentos e emoções, não reprimiam as lágrimas de saudade que sentiam da filha.

Tempos depois, por fim, Viviane e Alex haviam vencido os traumas, mas não sem perseverança, confiança e muita fé. Aquela fora uma fase de resistência, de sedimentação, que os preparou para novas etapas que a vida lhes propunha. Ao vencer as primeiras, estavam se alicerçando para vencer as próximas, crescendo na inteligência e desenvolvendo sentimento no equilíbrio das emoções.

Com a visão cósmica da vida, na certeza de que Deus faz o impossível, e nós, o possível, o casal Medeiros segue a esteira das suas existências. Regido pela prosperidade, por seus próprios esforços, e entendendo o viver por uma ótica positiva, a alegria voltou a reinar naquele lar que antes vertia dor e pesar. A posição de Viviane ante a sucessão de fatos gerou a confiança e a fé que removem montanhas. Alex, companheiro de outros tempos, também aprendeu com ela a nova maneira de encarar a vida, e navegaram por um mar manso, cujo timoneiro era Deus, que regia o destino deles pelos meandros da prosperidade e da abundância que eles absorviam com prazer.

Viviane, com quarenta anos, era uma mulher ainda de expressiva beleza, tinha a tez clara e as faces um pouco ruborizadas. Parecia que o tempo havia estacionado para ela, que estava mais bonita, mais charmosa e com um certo glamour no falar, que encantava as pessoas que a conheciam.

A reviravolta que haviam dado na vida, em razão dos novos postulados, influenciou sobremaneira Alex, que ainda era um belo homem, com seus quarenta e dois anos, mantendo-se elegante, sem os excessos muito naturais das gordurinhas adquiridas com o tempo.

Pergunta-se: são espíritas essas pessoas? Na acepção da palavra, não, mas absorveram a mensagem do Espiritismo na vivência como poucos fazem. Celso fez com esse jovem casal uma verdadeira reviravolta, lecionando não só com palavras, mas exemplificando. Mostrou o lado prazeroso do viver, porém com responsabilidade, ensinando-os a serem solidários e a terem uma visão humanística da vida, tentou qualificá-los para serem cidadãos com fé e razão. Fê-los enxergar o planeta azul ensinando-os a dar e a saber pedir. Nada de lamúrias ou repressão, e sim educação. Os problemas existem para ser solucionados e superados, e não para nos vencer. A aprendizagem na Terra é permanente; entretanto, precisamos exercê-la não como um castigo, não como uma desgraça, mas entendê-la como experiência para galgar os degraus da evolução com otimismo, na certeza de que a energia maior que convencionamos chamar de Deus jamais nos colocaria em situações sem saída. Ele seria tremendamente incoerente se usasse dos nossos parâmetros para nos gerenciar. Logo, Deus não castiga, como também não recompensa, pois está acima de todos esses atributos que pertencem a nós, humanos.

É preciso que saboreemos a beleza e a sabedoria da natureza regida pela harmonia maior. Tudo depende de como vemos as coisas, pela nossa maturidade centrada na nossa evolução. Somos todos iguais pela criação, diferentes pelas experiências, isto é, enquanto a uns custa ascender os degraus do progresso, outros os conquistam mais depressa.

Quanto mais nos influenciarmos no sentido de troca, de ajuda, participando da engrenagem da evolução que vai ao infinito, mais minimizaremos os chamados sofrimentos, libertando-nos deles.

Capítulo 11

A evolução e a humanidade

Aliás, em se tratando de humanidade e evolução, há leis que Deus, nosso Pai, atribui a toda a sua criação, por isso há caminhos e caminhos. Só o objetivo final é igual, isto é, a conquista da liberdade plena, aliada ao entendimento e ao amor.

À humanidade dos séculos passados, liderada por crenças caóticas, ensinavam que só pelo sofrimento e pobreza angariaríamos o tão discutido plano celeste: Deus premiava os pobres com a bem-aventurança e os prósperos com o fogo eterno, porque aqui na Terra já tinham ganho a sua recompensa.

A maturidade do homem às portas do terceiro milênio virá enriquecida por novos postulados e novos conhecimentos. As enfermidades são estudadas, pesquisadas, e serão sanadas; a solidariedade, expandida. A humanidade caminha para um mundo regenerado, está em transição. Enfim, o mundo se transforma e se moderniza sempre devido às heranças das ciências e filosofias depositadas no hoje. Assim, a expectativa da espiritualidade superior é e será sempre otimista. Entre a Terra e o outro lado, a comunicação entre os espíritos é um fato, e nada a pode contestar. As pessoas que deixaram o corpo carnal permanecem no mundo dos espíritos com todo o seu patrimônio intocável e intransferível. Enquanto o homem comum teme o desencarne por achá-lo "o desconhecido", os espíritos, ao prepararem a reencarnação, sabem que terão os sentidos e lembranças enterrados na pobreza da matéria e esquecidos.

Apesar de o homem ser condutor da sua vida, há sempre amigos e benfeitores na esfera espiritual dando apoio e incentivo aos que são merecedores.

Capítulo 12

Erika descobre o Espiritismo

A princípio, nas reuniões do grupo familiar, Erika ouvia os assuntos, os questionamentos, a filosofia, sem entrar no mérito das questões. Entretanto, observava-se que ela participava dos novos conceitos com extrema atenção, embora sem opinar. Esses encontros não eram propriamente reuniões espíritas, mas sim encontros de amigos que buscavam conhecimentos. Para isso, falavam sobre a vida e os porquês da existência, como também discutiam sobre vidas sucessivas, vida após a morte e para onde iriam os espíritos, já que descartados estavam os lugares preestabelecidos. Comentavam os livros que compunham a literatura espírita, tanto os de estudos quanto os romances. Indagações e questionamentos eram o que não faltava naquelas reuniões num ambiente saudável e harmônico.

Doutor Celso, quando os visitava, era esperado com alegria e satisfação. Nesse rol de novos parâmetros filosóficos, a família Medeiros envolveu também os doutores Carlos e

Nagazaque, que, entusiasmados, agendavam-se de forma a achar um tempo para participar da reunião harmoniosa, em que Erika ao final desses encontros mostrava seus dotes musicais cantando belas melodias que ela mesma compunha.

As letras de suas músicas sempre traziam temas que enfatizavam e enalteciam a natureza e o amor — muitas vezes com gosto de saudade e um pouco de tempero de melancolia.

Doutor Nagazaque, procedente de família japonesa, notava de certo modo a melancolia que envolvia as composições da menina-moça, a ponto de fazer referência ao assunto. Erika, à época com quatorze anos completos, era uma linda adolescente, olhos amendoados castanhos, cílios espessos, tez clara, lábios regulares, sobrancelhas bem delineadas. Seu corpo, massacrado por operações, medicamentos, fisioterapia, tinha-se desenvolvido sem sequelas. Era um belo botão de rosa desabrochando em flor. A pele sedosa e aveludada falava de sua beleza lírica. Corpo bem formado, de estatura regular, vestia-se de acordo com a moda — calça *jeans*, camiseta e tênis — o que lhe dava uma aparência despojada e juvenil.

Indagada por Nagazaque sobre o motivo de compor músicas tristes, ela respondia que não sabia e que a inspiração vinha quando ela estava triste ou ficava nostálgica, e era nesses momentos que ela mais produzia as composições.

Celso, vendo o colóquio entre o médico e Erika, interessado, pergunta, bem-humorado:

— Mas por que a tristeza? Você está amando e não é correspondida?

Ao que ela retruca:

— Não, tio, claro que não! Ahn... ao contrário, os meninos se interessam por mim, sou eu que não gosto deles. São muito imaturos e irresponsáveis, não dá para conversar qualquer assunto sério. Só falam de futebol, a marca das últimas máquinas — é assim que eles chamam os carros —, pegar ondas e não sei mais o quê.

Ao que Carlos interfere:

— Mas o que você queria ouvir de rapazes adolescentes, de sua idade? Assuntos filosóficos? Ou negócios?

— Também não exagere né, tio! Não é nada disso, mas eu os acho muito infantis, só pensam em se divertir, são vazios e cheios de gírias que me atrapalham e às vezes nem entendo.

— Mas você tem amigos, não?

— Claro, e muitos.

— E quando você toca, o que eles acham das suas músicas?

— Ah, eles gostam, escutam quietos e me aplaudem muito. Alguns até me dizem que tenho talento.

— Bem, pelo menos eles reconhecem que você é uma artista, pensei que éramos só nós, "os velhos", que apreciávamos o seu dom musical.

— Você já se perguntou do porquê da sua melancolia?

— Os professores nos dizem que esses sentimentos fazem parte de nossa adolescência. Que, com o tempo, o desenvolvimento emocional alcança o crescimento orgânico e tudo fica bem.

— É verdade, querida — diz Celso —, nós esquecemos que você ainda é adolescente, bem... tem corpo de adolescente, mas sua idade mental está além da idade cronológica. Se isso não fosse verdade, estaria hoje em pleno sábado outonal, divertindo-se com a turminha.

— Para quê, tio? Para ouvir bobagens como "meu carburador", "minha moto" e as meninas disputando o garoto mais bonito, o mais sedutor ou o capitão do basquete ou do vôlei? Não que eu não goste de esporte, ao contrário, adoro, mas quando começa aquela histeria para falar com este ou aquele, para pedir um autógrafo, com as garotas quase se esfolando, eu me aborreço. E o pior de tudo é que os meninos, em vez de irem ao encontro delas, acabam me descobrindo e vindo falar comigo sobre o meu violão, sobre as minhas músicas, e ficam me elogiando, deixando minhas amigas enciumadas. Elas dizem que faço gênero para conquistá-los. Pior de tudo é que os meninos que vão falar com elas o fazem para sondá-las sobre mim. O senhor já pensou na enrascada em que eu fico? Prefiro ficar aqui com vocês a estragar o programa dos outros. — E, caçoando de si mesma, põe-se a rir e diz: — Afinal, não sou nenhum fenômeno nem parecida com nenhuma artista famosa, aquelas que são devoradoras de homens. Muitas me chamam de songamonga, dizem que sou uma sonsa e que pelas costas eu as traio, e aí fica um ambiente insuportável. Entre optar por elas ou por vocês, fico com a última escolha.

Viviane ouvia embasbacada a desenvoltura da filha, que, a essa altura, monopolizava a conversa dos três homens, além do próprio pai. Jandira, esposa de Celso, de cabelos já encanecidos, mas de ideias joviais, voltava sua atenção para Erika, assim como Mamy, a esposa de Nagazaque, e Diana, esposa de Carlos, saboreavam com canapés o assunto que os quatro homens desenvolviam com a jovial adolescente.

E assim, a cada novo encontro, após o entretenimento, todos se voltavam a entender o mundo pela lógica e coerência do Espiritismo explanada pela palavra fácil e fluente do advogado Celso.

Ao fim das reuniões, todos se despediam, leves, descontraídos e alimentados por assuntos elevados que os energizavam, deixando-os aptos para enfrentar as obrigações profissionais, os familiares e os problemas financeiros com disposição e segurança, na certeza de que a vida deveria ser vivida passo a passo, sem constrangimentos pelas dificuldades que poderiam surgir no futuro.

Capítulo 13

As férias

Os dias corriam dentro do esquema de cada um. Os médicos na azáfama dos hospitais, Alex envolvido com seus projetos de engenharia, Viviane na administração da empresa a que servia, liderada por Celso, que estava sempre às voltas com processos empresariais. Erika estudava, compunha e, como é natural, divertia-se com os amigos nas horas de folga.

A família Medeiros, nas férias de verão, apreciava as praias. O casal sempre combinava suas férias com as da filha, que, apesar da timidez, estava sempre rodeada de amigos, pelo fato de andar com seu violão a tiracolo. Muitas vezes, diante do mar, sentada nas rochas, ao declinar do Sol, à tardinha, dedilhava suas melodias e as cantava com toda a emoção. Quando se dava conta, já um grupo se formava ao seu redor e a incentivava a cantar e a tocar. A partir daí seus adoradores não lhe davam folga e, como sempre, criava-se a velha rivalidade entre os garotos: enquanto as meninas davam em cima dos meninos, estes ficavam fascinados pela menina, por isso a rusga. Ela não se envaidecia, estava imune a esse vício, mas sentia prazer quando notava o interesse de todos por suas músicas.

Certa feita, em uma de suas férias, ela recebeu uma carta de um admirador que a avisava: se ela não o namorasse, iria se atirar da rocha mais alta da praia branca e queria que ela fosse testemunha de seu tresloucado ato, para nunca mais esquecer dele.

Erika levou um susto. Trêmula e em pânico, mostra aos pais o papel com a ameaça. Estes, assustados, pegam o carro e, junto com a filha, dirigem-se para o local.

O pior é que o rapaz não havia blefado, e lá estava ele, fazendo uma arruaça só, e um grupo de pessoas lá em baixo, tentando dissuadi-lo e insistindo para que descesse. Erika o alcançou e, com palavras decisivas, convenceu-o a desistir daquela loucura. Alex e Viviane só descansaram quando viram a filha abraçada ao garoto, amparando-o, pois ele estava totalmente embriagado. Levaram-no para casa e o convenceram a tomar uma chuveirada, deram-lhe um café bem forte e o levaram para o quarto de hóspedes para dormir.

— Mamãe — diz Erika desolada —, que sina que eu tenho, hein? Não faço nada para eles se apaixonarem por mim. Entretanto, não posso me submeter aos seus caprichos. Hoje é esse querendo se afogar, e amanhã, o que será?

Viviane, que a escutava, a cabeça apoiada em uma das mãos, em atitude de quem está pensando, a consola:

— Filha, não a condeno, não se manda nos sentimentos. Essa química, acredito, deve ser repercussão do pretérito. Um dia o seu eleito aparecerá e aí haverá uma apoteose de sentimentos e sensações. Tenho certeza de que você o reconhecerá pelo caminhar, pela maneira de olhá-la e, assim, querida, você se apaixonará. Por enquanto, resista às chantagens emocionais, sua entrega será para aquele que seu coração eleger para amar. Não se atormente, certamente ele virá. Tenho certeza de que ele a antecedeu e está se preparando para encontrá-la.

Enquanto Marcelo, o quase suicida, ressonava no quarto ao lado da varanda, Erika, em lágrimas, abraçava a mãe, que, solidária, aconselhava-a a não ceder aos caprichos do garoto mimado, depois, incentivou-a a pegar o violão e dedilhar suas baladas que falavam de amor, encantando seus familiares.

Márcia, sua amiga e colega, sabendo do acontecido, veio se solidarizar, juntamente com outros amigos que a admiravam, abraçando-a e dando-lhe todo o apoio.

— Esse Marcelo é mesmo um doido — disse Márcia. — Também, filho único de um banqueiro capixaba, acostumado a ter tudo nas mãos, não se conformou. O que você vai falar quando ele acordar?

— Ora, vou tratá-lo com cordialidade e explicar que não se manda nos sentimentos e que ele pode contar com a minha amizade.

— Ótimo, tomara que ele concorde — continuou Márcia —, mas tenho novidades, vai haver um festival de música popular que se realizará aqui no litoral, e a mais bela composição será premiada com um carro "zerinho". Então, querida, "topa"? Aposto que com o seu talento, e se não houver marmelada, o prêmio estará em suas mãos. E então, concorda?

— Festival... concurso... hum... tenho de pensar e consultar os meus pais. Não sei, não, isso não me tenta. Há muita confusão, competição desonesta..., bem, vou pensar.

— Você só tem três dias para pensar, minha amiga. A inscrição vai fechar no sábado. Bem, tenho de ir, tchau, aguardo até o final da semana.

Marcelo, depois de curar a embriaguez, pede desculpas para todos e vai embora também, muito envergonhado, não antes de pedir para ser amigo de Erika, que concorda, aliviada, sem necessidade de qualquer advertência. Logo a casa estava vazia novamente e em silêncio.

A temporada fora cheia de divertimento e encanto: torneio de vôlei, corrida na praia, concurso da mais bela garota, sem contar o festival de música do qual, afinal, Erika participou, destacando-se no terceiro lugar. O primeiro lugar ficou com o gosto do público popular e versava sobre erotismo. Erika não ficou nem um pouquinho triste com o resultado, já o esperava, pois, apesar de jovem e de gostar do mundo, divertindo-se nele, no fundo não pertencia realmente a ele, abominava a maneira com que certos jovens se portavam, mas os entendia, não era preconceituosa. Isso não afetava o relacionamento dela, vivia entre eles, apesar de não ser um deles.

As férias acabaram, e a família retornou às atividades rotineiras. Erika, nesse ano, junto com o curso do colégio oficial, iria participar de cursinhos para o vestibular. Seus pais retornavam às suas profissões, trabalhando com alegria e satisfação. O estudo do Espiritismo lhes mostrara que o trabalho deve ser prazeroso, em substituição àquele por obrigação ou àquele para sobreviver, com atividades maçantes ou escravizantes. Lá estavam eles, felizes, sentindo satisfação naquilo que faziam. Quando retornavam à casa, no final do expediente, estavam cansados, naturalmente, pelo esforço despendido, mas traziam a alma embelezada, pois se sentiam realizados.

Capítulo 14

O centro de recuperação

A Instituição Espírita de que o doutor Celso era presidente mantinha um centro de recuperação para portadores de deficiências, com ajuda de empreendedores que simpatizavam com o Espiritismo. Tal centro de recuperação era dirigido para dois tipos de pacientes: os particulares e os carentes, que não podiam pagar o tratamento. Havia os funcionários profissionais pagos pela instituição e um grande grupo de voluntários, que colocavam seus horários vagos e disponíveis a favor do centro de recuperação.

Erika, quando soube da existência desse hospital, não pensou duas vezes e se inscreveu para participar como voluntária, colocando seus dotes musicais à disposição dos doentes. A princípio, tocava e cantava para alegrá-los, mas isso não a satisfez. Com o passar do tempo, empenhou-se também em incentivar alguns que tinham inclinação musical. E qual não foi a sua surpresa quando muitos, no decorrer do ano, desenvolveram seus dotes artísticos. Alguns diziam que sonhavam com a letra, com a música e, ao acordar, cantarolavam e escreviam para não esquecer. Erika as transformava em sustenidos e bemóis. A moça revolucionou a rotina dos paraplégicos, os inválidos de toda ordem, desde crianças até idosos; organizou um coral, selecionando vozes. Fez campanhas e adquiriu violões, pandeiros, flautas, pífaros, tambores e, com isso, formou uma banda. O centro mais parecia um lugar onde funcionava um teatro do que uma casa de recuperação de deficientes físicos.

Erika, no inverno, de boina e cachecol, chegava esbaforida, com seu violão a tiracolo, trazendo consigo guloseimas para as crianças e agasalhos para os velhos. Com suas campanhas, angariou muitos jogos para o divertimento dos internos, nas horas de lazer, mas a sua dedicação maior era trabalhar as vozes e os instrumentos, e todos eles levavam a tarefa a sério, como se aquilo fosse uma profissão. Alguns eram inválidos em decorrência de desastres, de acidentes de trabalho; outros, de doenças infantis, como a poliomielite, e havia os que o eram de nascença.

Sempre que aparecia, era aplaudida por todos que a amavam e a levavam a sério apesar de sua pouca idade.

Aos poucos, encantada com essas pessoas, procurou se inteirar da vida delas, seus problemas, suas necessidades e as assumiu inteiramente. E foi nas páginas do Espiritismo que achou as respostas para tão divergentes situações. Tomou gosto pela leitura e cativou seus protegidos, quando estes, revoltados com o destino, culpavam Deus.

Erika se empenhou para conquistar uma vaga para Medicina no vestibular. Achava que devia à vida e a si mesma, depois de Deus, ter conseguido ficar boa enquanto convivia naquele reduto com pessoas defeituosas de toda ordem, sem chance de uma recuperação total. Por isso a opção por Medicina, na qual se especializaria na área de Traumatologia. Via nessas pessoas inválidas, nesse ambiente, um pré-estágio para pesquisar, estudar, e tentar fazê-las felizes, induzindo-as a se assumir, a enxergar a vida por uma ótica positiva, incentivando nelas dignidade e esperança, ensinando-as a soltar a imaginação e a ver o belo por uma nova visão. Nesses momentos, brincava dizendo-lhes:

— Se não possuímos asas de anjo para voar, ora, ora, usemos asa-delta, que é a mesma coisa, pois o que nós queremos é voar, não é? Então aproveitemos a nova invenção.

Erika, quando se entregava aos trabalhos extras, trazia o rosto colorido com essa nova expectativa de ajudar os menos favorecidos, e, nessa corrida voluntária, suas composições tomavam um colorido especial, cantava a vida, as novas oportunidades, enfatizava a solidariedade e a ajuda mútua. Com isso, valorizou as oportunidades que Deus lhe ensejou. Por incrível que pareça, as composições dos internos apresentavam um jeito de ser feliz. Apesar das deficiências, não se conformavam, ao contrário, lutavam contra a invalidez para se tornarem pessoas úteis, tentando provar a si mesmos que podiam bater o seu próprio recorde. Por mais paradoxal que fosse, eles o conseguiam. Entre eles havia uma adolescente que não tinha braços, herança da talidomida[3], contudo tinha dotes artísticos. Com os pés, conseguia pintar divinamente, superando sua deficiência, e com isso pagava a sua terapia. Com as sobras do que gastava, ajudava a comprar medicação para os idosos com reumatismo deformante, e isso era gratificante de ser observado.

---

3. Nota da editora: Talidomida: medicamento muito usado nos anos 1960 para suprimir as náuseas da gravidez. Foi proibido para esse fim por causar malformação nos fetos.

Capítulo 15

Vestibular para Medicina

O vestibular foi enfrentado com galhardia e, como era de se esperar, nossa garotinha é aprovada, e sua turma de amigos decide fazer uma festa para comemorar. Os pais ficam radiantes, participando da alegria da filha, que não cabia em si de tanta felicidade. Comemoraram a noite inteira nos jardins da universidade, entre as praças que rodeavam os enormes prédios.

Todos que com ela participaram foram pintados, os calouros sofreram trotes, brincadeiras de toda ordem. Erika aguentou firme, sem reclamar, valia a pena passar por aquela brincadeira, pois havia conquistado o que mais desejava. Alex e Viviane acompanharam a filha até o alvorecer, integrados com o grupo jovial como se dele fizessem parte, e todos os aceitaram.

Enquanto a filha comemorava sua vitória, Alex e Viviane recordavam deles, ébrios de felicidade, e a felicidade era concretizada por ver a filha realizada e feliz.

A vida não dá nó sem ponta, tira-nos alguma coisa, mas nos oferece abundantemente outras, nos aperfeiçoando no que somos bons, dando-nos oportunidade de aprender o que ainda não experienciamos. É uma troca infinita, farta e abundante. A bem da verdade, nos equivocamos quando pensamos que nos "tira": substituamos pela palavra "troca". Para alcançarmos a plenitude do homem integral, sob todos os ângulos, necessário se faz que nos habilitemos em todas as áreas e, naturalmente, precisamos experimentar de tudo para nos tornarmos, na evolução maior, seres perfeitos. O planeta Terra ainda está nos primeiros degraus de ascensão evolutiva.

Precisamos, neste final de ciclo, investir em novos pensamentos, em mudanças interiores, em reformulações, nos deixando abertos para o novo, para crescermos em inteligência, em emoções. Afinal, a "morte" é apenas troca de matéria: saímos de uma tangível para penetrarmos em uma mais rarefeita, mas nada perdemos, a não ser a roupagem densa. Somos aqueles que viveram na Terra com todo o patrimônio que nos é peculiar.

Enquanto mergulhava de corpo e alma nos estudos, encantada com o curso pelo qual havia optado, nossa jovem protagonista, nas horas de folga, não abria mão de uma das coisas de que mais gostava na vida: seus protegidos do hospital de recuperação da clínica de portadores de deficiências.

Capítulo 16

Um encontro inusitado

Corria o mês de junho e fazia muito frio. O dia estava cinzento, e uma chuvinha gelada teimava em cair pela cidade, tornando-a triste.

Apesar do mau tempo, Erika viera visitar os seus protegidos. Enquanto dedilhava seu violão, no enorme salão de terapia conjugada com lazer, olhando pela janela envidraçada do amplo saguão onde se encontrava para o ensaio mensal, estranhou o movimento intenso de enfermeiras zelosas indo e vindo, às pressas, de uma ambulância parada à entrada do hospital. À meia distância, como se encontrava, só pôde perceber que um grupo de homens, vestindo agasalhos pesados, descia da ambulância conduzindo a maca.

A moça, com a curiosidade aguçada, deixou o violão e foi até o corredor, para informar-se sobre quem era aquela pessoa que parecia tão especial, inspirando tantos cuidados. Agora ela os via de perto; na maca, imóvel, um jovem um pouco mais velho que ela, pele bronzeada, cabelos encaracolados.

Aconteceu, então, o inusitado, à medida que ela tentava se inteirar sobre o novo hóspede levado para a ala particular, ia sendo acometida de uma sensação de dor e perda que tomou todo o seu ser. Era como se a reminiscência do ontem tentasse se imiscuir pela fresta do presente sacudindo-a no agora, naquele momento, sem consciência, sem razão, intimando-a a ver e a sentir o que o tempo havia guardado a sete chaves.

Frida, a enfermeira chefe, responsável pela internação, estranhou a fisionomia desfeita da jovem, branca como um papel, trêmula, tentando dizer alguma coisa, mas a voz lhe morrendo na garganta, como se estivesse num estupor só.

— O que foi, Erika? Está passando mal?

Nem bem a enfermeira pronuncia as últimas palavras, e a jovem, semicerrando os olhos, deixa-se desfalecer e desmaia nos braços da gentil senhora. Frida mal teve tempo de socorrê-la. De imediato colocou-a sobre um sofá, tentando fazê-la voltar a si, friccionando-lhe os braços, abaixando a sua cabeça para que a corrente sanguínea irrigasse o cérebro.

Quando a frágil estudante abriu os olhos, ao voltar a si, via-se que a sua lucidez não estava normal, olhava para tudo como se fosse pela primeira vez. Outros funcionários, a pedido de Frida, acorreram ao local, lhe foi ofertado ajuda para se recuperar. Alguns diziam:

"Ela está frágil, trabalha demais, não se alimenta, é isso o que acontece, não tem força nem para sustentar-se de pé."

Enquanto isso, a jovem continuava sem sua consciência normal. Frida, observando-a, tentava dialogar:

— Erika, ô menina, acorde, sou eu, olhe sua amiga.

E, estalando os dedos em frente aos olhos da moça, ordenava que ela reagisse. Aos poucos, ela foi tomando posse de si mesma e lembrando do lugar em que estava, contudo sob emoção desconhecida. Pôs-se a chorar sem contenção, aparvalhando as pessoas que a rodeavam. Murmúrios, sussurros, alguns comentários maldosos se faziam ouvir. A enfermeira, estranhando a atitude da jovem voluntária que se mostrava sempre disposta e equilibrada, jamais causando problema — ao contrário, sempre com a dedicação de um bom profissional, tratou logo de dispersar o grupo que as rodeava. Quando ficou sozinha com Erika, questionou:

— Bem, querida, agora somos só nós duas, e me causa estranheza este seu estado. Contudo, pode estar certa, seja o que for que lhe causou este mal-estar, pode contar comigo, estou pronta para ouvir.

Ao invés de encorajar-se com as palavras amáveis da enfermeira e estimular-se a falar, a garota pôs-se a chorar ainda mais convulsivamente, sem consolo.

— Meu Deus — resmunga Frida, cada vez mais preocupada —, mas então o assunto é muito sério! Vamos, querida, não se acanhe, confie na velha amiga. A vida ensinou-me, neste longo tempo de enfermagem, com nada me impressionar, é o meu ofício. As emoções devem ser controladas no meu cargo, a fim de que a razão possa ajudar.

Enquanto isso, entregava a Erika um lenço de papel para que ela limpasse as lágrimas e assoasse o nariz. Depois de alguns minutos em que somente o choro comprimido se fazia ouvir, como notas de um violino ensaiando uma música triste e sob os rogos da enfermeira amável, a jovem começou, entre um soluço e outro, a se expressar:

— Frida, Frida, foi uma emoção muito forte que eu nunca tinha sentido antes, como se um dique cheio tivesse escoado de dentro de mim, desejando desaguar. Quando vi o alvoroço em torno do novo paciente que a ambulância trouxe, dirigi-me para cá para me informar, então me deu uma sensação de medo e fui envolvida por um pânico desconhecido, e o lugar se transformou totalmente. Pela janela via um parque atapetado de grama ainda molhada pelo orvalho. Árvores frondosas rodeavam um antigo casarão, havia uma escadaria de pedra, que indicava a entrada, enfeitada por duas colunas redondas e bem equilibrada; era uma casa de bela aparência. À medida que a mente escapava do presente para me colocar em algum lugar que eu não sei qual é, imagens desencontradas e desconhecidas de hoje, mas familiares dos meus arquivos eternos, forçavam-me a recordar tristes passagens. Era um relâmpago atrás do outro em imagens, e eu me encontrava nelas, constrangida, mas inserida no contexto. Via-me cavalgando, de cabelos soltos encimados por uma fita de veludo para as madeixas não perturbarem a minha visão e, junto a mim, um belo cavaleiro sorridente e feliz, de pulso forte com seu puro-sangue. Ah, meu Deus! Ríamos muito e corríamos soltos pelas pradarias, como se a vida fosse feita só para nós. Enquanto a mente fustigava o presente para olhar o passado, uma dor lancinante ia tomando conta de mim, uma dor nunca sentida em toda a minha vida, nem mesmo quando passei pela experiência do acidente e tudo o que resultou dele.

A enfermeira retruca:

— Não chore mais, querida, já passou, e, fique certa, o que já foi não volta mais. O passado releguemos ao passado, deixemos nossos fantasmas partirem, de nada nos servirão agora. O ontem já foi, o futuro não foi escrito, invistamos no hoje, no momento é o que mais nos interessa.

E assim falando, dava batidas fraternas nas pequenas mãos de Erika, para incutir-lhe ânimo.

— Bem, as tarefas nos chamam. Há muito que fazer hoje. Você já está bem? Respire profundamente, exercite-se, para sair dessa modorra. Está bem, agora?

Ao que Erika retrucou:

— Ah, meu Deus! Tenho o corpo todo doído, como se tivesse passado por uma tempestade, e as imagens ainda se confundem em minha mente, se embaralhando. Sabe, Frida, nunca me apaixonei por ninguém, tive muitos pretendentes apaixonados, entretanto eles não me viam como sou, mas aquilo que eu lhes dava, isto é, minhas músicas, meu violão, meu canto. Apaixonavam-se pela minha aparência, pelo que eu representava, entretanto nunca investiram na minha verdadeira personalidade. O que eles queriam mesmo era divertir-se ao máximo, tirando tudo o que a vida lhes proporcionasse, ele me viam, mas não me enxergavam. Então, quando os via assim, e isso era sintomático, eu esfriava. Por mais entusiasmada que estivesse, me magoava e acabava tudo. Faltava neles sempre alguma coisa a mais. Alguma coisa... — e mexendo as belas mãozinhas fazia sinal com os dedos, esfregando-os uns nos outros para designar o que faltava em seus namorados, estrutura, essência: — Frida, era... agora eu sei, esse sentimento que tive ao ver aquele rapaz, este envolvimento de que me achei possuída, esse quase morrer de emoção, este esvaimento, essa tremedeira por todo o corpo, essa insegurança, como se pudesse perdê-lo...

— Nossa! Eu, hein! Mas que imaginação, não a supunha assim. Apesar de saber que todo artista tem a cabeça na Lua, nunca a surpreendi excitada, imaginosa, fora de si. Você não está se sobrecarregando, trabalhando em excesso? Estudando muito e nas horas de folga se dedicando demais aos seus protegidos? Menina, você está fugindo da realidade. Onde já se viu apaixonar-se à primeira vista, sem mesmo falar com a pessoa que a deixou assim? E a esses sintomas: tremedeira, insegurança, suores frios, você chama de amor? Isso é coisa de maluco, foge à normalidade. Não! Sua imaginação está superexcitada. Hoje você está dispensada. Vá para casa descansar e não volte aqui enquanto tudo não estiver nos devidos lugares. — E batendo palmas, ao mesmo tempo, dizia: — Já, já, já, vamos, levante-se daí, aprume-se e toque para sua casa. Hoje a brincadeira acabou, estamos no final do expediente, e os voluntários estão se retirando, ficaremos em minoria para enfrentar o plantão dos internos.

E batendo fraternalmente nas costas da garota, segredou no seu ouvido:

— Vou me informar quanto ao seu amor desconhecido, ouviu? Mas não a quero aqui rondando, de fisionomia macilenta e desequilibrada. Só quero vê-la no outro final de semana, nem um dia a mais nem um dia a menos, quero-a corada e bem-disposta. Ah, e bem alimentada, para continuar com seu programa no Centro. Cara desiludida basta a dos nossos pacientes. Espere... vou mandar um carro levá-la em casa, me aguarde que vou chamar o motorista do dia.

— Mas eu estou de moto, posso muito bem dirigir, já passou, com o seu puxão de orelha.

— Nã, nã, não, nada disso, minha cara menina musical. Quero ter certeza de que não vai ter outra crise em algum asfalto, por aí. Seu Pedro a leva na frente, e João Luís acompanha com sua moto. Só ficarei descansada quando eles me trouxerem a notícia de que você está em casa, sã e salva. Está bem assim?

— Bem, contra esses argumentos, o que é que vou fazer? Não tem jeito, só tenho de aceitar.

Capítulo 17

Laços afins

Ao chegar a casa, levada de carro por Pedro, encontra os pais preparando-se para sair.

— Filha — fala Viviane —, nós a estávamos esperando. Queríamos convidá-la para ir ao teatro conosco.

— Ah, mamãe, hoje estou pregada. Tive tonturas lá na clínica, e o motorista Pedro veio me trazer de carro.

— Tonturas? — exclama Alex assustado. — Você está doente, o que foi que aconteceu? Você viu, Viviane? Essa menina está estudando demais e, nas folgas, ao invés de divertir-se, ainda vai fazer trabalhos voluntários. Espiritismo é coerência, bom senso e critério. Os excessos ficam por nossa conta. Digamos, nem tanto ao mar nem tanto à terra.

— Eu estou bem, papai.

E Viviane arremata:

— Você não vai começar com seu discurso. Não esqueça que Erika é uma moça saudável. — E olha com cumplicidade para a filha, que, ao seu gesto, acaba rindo, contagiando os pais. — Você viu, querida? Seu pai não tem jeito, não. À menor contrariedade em relação à sua saúde, fica reticencioso a tudo.

Erika, atirando-se ao pescoço do pai, beija-o ternamente.

— *Tá* bem, paizão, meu eterno protetor, mas, mudando de assunto, a que peça vocês vão assistir?

E eles, ao mesmo tempo:

— "Violetas na janela!"[4] Trata-se de uma peça baseada em um livro espírita.

— Um sucesso no Brasil — completa Alex.

— Se não estivesse tão cansada hoje... — e, olhando o pai, reflete. — Ah... Não, hoje não tenho condições de acompanhá-los, preciso revisar algumas matérias, fica para outra vez. Conheço o romance, já o li e afianço: é muito bom. Vão, divirtam-se! E não dando tempo para os pais replicarem, sobe para o seu quarto, com todos os seus apetrechos, incluindo o violão.

— Bem — exclama Viviane —, não entendi nada. Achei que ela iria delirar com a notícia. Faz tempo que ela espera por esse momento. Ainda há alguns dias me disse que estava ansiosa pela estreia e na primeira oportunidade iria conosco. E Alex, coçando a cabeça, seu gesto habitual quando não entendia as coisas, diz:

— Ok! Vai a gente entender essa mocidade instável de hoje, do "quero não quero".

— Nossa filha não é do gênero dessa mocidade — responde Viviane —, e nós sabemos muito bem disso.

---

4. Nota da editora: "Violetas na janela", peça de teatro baseada no livro de mesmo nome, de autoria de Vera Lúcia Marinzeck de Carvalho. São Paulo: Petit, 1993.

— Deixe pra lá, querida, não vamos começar uma discussão por nossa filha não querer ir ao teatro conosco. Vamos, já estou com os ingressos. É estreia e, sabe como é, aquele mundo de gente, para variar.

— Está bem — fala Viviane —, deixe-me pegar o casaco. Este inverno não tem sido muito generoso, o vento acentua mais o frio.

Enquanto os pais encaminham-se para o teatro, a jovem estudante prepara-se para algumas horas de estudo, antes do repouso.

Seu quarto, ainda enfeitado de ursos e bonecas trazidos da América do Norte, quando lá estivera em tratamento, tinha um ar juvenil e feminino. Sua cama de meio casal, branca, laqueada com frisos dourados, emoldurava o quarto com papel de parede em tom de rosa pastel. De um lado, uma mesinha redonda coberta por uma toalha de flores miúdas, ornamentada por um jarro de porcelana com flores frescas do jardim da casa, onde ficavam o violão, seu eterno companheiro dos momentos alegres e tristes, e a bolsa que trazia.

Pensativa, escolhe as roupas de dormir, abre a torneira da banheira que se enche de água morna, enquanto rememora os acontecimentos, agora dona das suas emoções, contudo curiosa com o comportamento não habitual ante uma situação corriqueira.

E pergunta-se:

"Por que aquela reação, sem um motivo plausível? Evidente, uma ocorrência totalmente fora de propósito. Frida tem razão, será que endoideci? Estou extremamente cansada. Nossa! Será que vou ter de procurar um psiquiatra? Só faltava essa! Sempre fui controlada emocionalmente. Aprendi, com o meu problema das pernas, a gerenciar as minhas emoções, e os meus pais não são à moda antiga. Ao contrário, são abertos e compreensivos, acham-me séria demais para minha idade e muito responsável com meus compromissos. Nunca passei por nada semelhante, nem nas infindáveis cirurgias, quando os olhos da minha mãe e do meu pai me perscrutavam com apreensão e ficavam rasos de lágrimas que tentavam esconder de mim. Era eu que infundia força e coragem neles. E me pergunto, agora, de onde tirei tanta força, já que era uma criança, para entender os meandros da vida? Como reagirá mamãe quando souber do meu fiasco? Sim, porque é doidice demais chorar por quem não conhecemos. Sempre achei românticas e bonitas as histórias espíritas, mas nunca me passou pela mente vivenciá-las... Então, elas existem mesmo, e, pelo visto, tenho um passado cheio de desencontros e com muitos segredos! Amanhã mesmo vou entrar em contato com o doutor Celso. Não quero passar por essa experiência, foi doloroso demais, descontrolou o meu estado emocional, me desequilibrando totalmente! E, afinal, o que eu ganharia em saber do passado, que certamente não foi lá grande coisa? Não quero me machucar mais. É, como diz Frida, passado é passado, vivamos o presente. E o meu acidente foi falta de cuidado. Eu é que, espevitada, não vi o carro, ou... foi... será que já estava escrito na Lei de Ação e Reação?

E, rindo muito das elucubrações, pensava:

"Só Deus sabe do nosso destino, não quero penetrar nos intrincados meandros da Lei de Causa e Efeito. Para quê? Assim como está, está muito bem. O melhor é viver o presente, sem a curiosidade do passado, senão culparemos o ontem por tudo o que nos acontece e viveremos em função dele."

Enquanto pensava, mergulhada na banheira, ali ficou por um bom tempo, relaxando o corpo das tensões.

Colocou em seu aparelho de som suaves melodias e se deixou levar nas asas da imaginação, acompanhando-as com o assobio baixinho, já esquecida do fato ocorrido momentos antes. Viajando pela mente, uma música faz lembrar de Rafael, seu colega de classe e também amante da mesma música. Como ela, tocava violão e, como tinham os mesmos gostos, eram bons amigos, apesar de saber da inclinação dele por ela.

Ah! Rafael, de cabeleira basta e negra, com uma fisionomia franca, a atraía para uma amizade, tinham afinidade de irmãos. Davam-se bem, eram bons companheiros, não só na universidade como nos lazeres. A princípio, todos achavam que eles namoravam, mas com o tempo comprovou-se que eram apenas bons amigos. Erika era muito segura do que queria, não queria nenhum compromisso, estava "casada" com a Medicina, e ela era a sua prioridade. Um relacionamento mais sério poderia desviá-la de seus objetivos, e deles ela não abria mão. Formar-se em Medicina era ponto de honra, ela o devia à vida, que não a deixara defeituosa e, por isso, queria retribuir, dedicando-se, mais tarde, quando se formasse, à Traumatologia.

Capítulo 18

E ainda o teatro

Além da promessa que fizera a si mesma, de ser médica, tinha verdadeira vocação para essa área. Trazia no fulcro da sua alma a tendência para a Medicina e o trabalho com seres humanos.

A jovem, após ficar um bom tempo na banheira, dá por findo o banho. Coloca uma toalha em forma de turbante na cabeça, enrola-se com outra, calça suas pantufas em forma de gato e, de gravador na mão, dirige-se para o quarto. Enxuga-se, veste o roupão de veludo azul, seca os cabelos encaracolados e curtos, atira-se na cama, atravessada, com o fone nos ouvidos, um prato com uma refeição deixada por Bentinha e um maço de folhas xerocadas onde põe sua atenção. Enquanto mastiga o sanduíche com seus dentes alvos e bonitos, com a música de fundo, inteira-se da matéria que teria de dominar para prestar provas no outro dia. Vai ficar assim até a madrugada nessa mesma posição, e então ouve a porta da frente ser aberta pelos pais, que retornavam do teatro.

— Oi! — diz Erika indo ao encontro deles, enquanto Viviane, no corredor, largava a bolsa no console e o casaco no cabide.

— Ainda acordada, querida?

— Ainda — diz Erika. — E então, como foi a peça, aprovaram?

— Um espetáculo ímpar, choramos muito com a apresentação. Valeu termos ido. Gravei as cenas para onde levaram a menina Patrícia sob os cuidados dos benfeitores, para colônia sob os cuidado da avó.

Em seguida Viviane tira os sapatos de salto alto, mania que tinha quando chegava de qualquer festa, e, com os pés descalços, caminha pela casa na parte térrea. Em seguida, sobe de mansinho a escadaria que dava para o andar de cima, vê a cama da filha cheia de cadernos e folhas e pergunta:

— Você está ainda estudando? Não sei como estuda tanto e ao mesmo tempo escuta música. Na minha época isso não dava certo.

— Hum... na sua época... até parece que a senhora é antiga, mamãe. A senhora já está cheirando a naftalina?

— Você acha isso?

— Claro que não, mas vendo-a falar assim até parece. O prédio da universidade é que é antigo, mas o patrimônio está intacto, limpo e arejado.

— Deixa de ser boba, menina, não se faça de tonta, o que quero dizer é que eu não consigo estudar e ouvir música ao mesmo tempo.

— Ah, mamãe, o importante é que eu aprendo. Por acaso lhe dei trabalho em relação ao estudo?

Viviane responde, enternecida com a filha:

— Não, querida, claro que não.

Erika, de tez aveludada, forma delicada, quase infantil, olhava a mãe com olhos meigos e brejeiros.

— Então, me conte como foi. Superou as suas expectativas?

— Filha, filha, foi um deslumbramento, uma maravilha, nos emocionamos do princípio ao fim. Valeu a pena assistir, lamentamos que você não tenha nos acompanhado.

— Deixe pra lá, mamãe, assisto em outra oportunidade. Como estava, não poderia apreciar em toda extensão que a minha expectativa desejava. E papai, gostou também?

— Claro, seu pai foi sempre um grande apreciador das belas artes; logo, não pode deixar de gostar e avaliar uma boa peça quando assiste a uma.

Erika, bocejando, com a mão na boca, diz, sonolenta:

— Que horas são?

— É muito tarde, vou me recolher. Amanhã tenho muito o que fazer no escritório.

— Eu também. Boa noite, mamãe, tenha bons sonhos e me inclua neles.

— Boa noite, querida, assim que dormir virei buscá-la para visitar outras esferas, falou, rindo.

Capítulo 19

Quem é Maurício?

Erika, sempre às voltas com a universidade, esforçava-se para aprender e tirar a nota maior. Dedicada aos estudos, quase não sobrava tempo para o lazer.

Dera-se uma folga com os compromissos da clínica. Não se sentia à vontade quando pensava em lá retornar.

Dava razão à enfermeira chefe, que a convencera a lá comparecer somente quando estivesse em condições de enfrentar o seu lado emocional com equilíbrio.

Enquanto isso, Frida, inconformada com o que presenciara em seu gabinete, com Erika naquele estado inusitado, tratou de se inteirar do novo paciente, que deixara sua voluntária predileta em crise. Vasculhou o fichário: Maurício, 23 anos, acidentado em uma corrida de carro, estava com a locomoção comprometida: caso de paraplegia, considerado irreversível; com problemas psicológicos na área afetiva e social, apresentava um caso depressivo permanente; obstinado pela fisioterapia, na esperança de um milagre para voltar a caminhar e retornar às pistas de corrida, sua verdadeira paixão. Estivera no exterior, mas os médicos o desanimaram, o acidente o deixara permanentemente paralítico. Rodara por todos os hospitais da capital paulista, distribuindo "socos e imprecações". Era um paciente difícil de ser atendido e de conviver. Por isso, vivia pelos hospitais, sendo dispensado dos tratamentos convencionais, pois o maior problema dele era psíquico. As agressões, os maus-tratos aos enfermeiros e aos próprios médicos e terapeutas esgotavam a paciência, e nem por todo o dinheiro do mundo era atendido.

Segundo o que os médicos diziam, "o mal de Maurício era da sua cabeça, precisava urgentemente trabalhar o emocional, antes que ele o destruísse".

Doutor Moreira, amigo de seus pais, aconselhara-os a hospedar o filho na clínica, que tinha uma grande área dedicada aos menos favorecidos, onde ele poderia ver o outro lado da vida, ou seja, os excluídos da sociedade. Talvez assim pudessem auxiliar o filho infeliz. Além disso, complementando a terapia tradicional, a clínica oferecia um tratamento alternativo na linha da sensibilização, acupuntura, terapia psicológica grupal, com ajuda da água magnetizada e da fluidoterapia, ministrada pessoalmente pelo doutor Moreira, auxiliado por um grupo da própria instituição que administrava. Quem sabe se ali Maurício não viria a encontrar a esperança e a paz perdidas.

Capítulo 20

Cantando para o amado

Maurício, mimado e adulado por homens e mulheres, hoje esquecido, numa clínica modesta em relação às outras, sofisticadas, pelas quais passara. Sem lume, sem ânimo, sem esperança de recuperação, curtindo a própria dor e o abandono dos seus fãs, sua carreira havia acabado. A sociedade só queria saber de curtição, do imediatismo, em que a tônica era aproveitar o presente até a exaustão. Só era lembrado quem estivesse à vista e em evidência. O resto, ah, o resto era esquecimento. Os que estivessem fora do foco das câmeras estavam fadados a mofar em algum baú do passado, mesmo que esse passado fosse recente.

Agora paraplégico e de temperamento azedo, correu com todos do seu lado, principalmente com as câmeras de televisão, que faziam de sua pessoa motivo para "Ibope" em altos níveis. Só ficou persistindo ao seu lado, apesar das amarguras, suportando tudo, Lou, sua namorada de infância.

൪

Após passar três meses sem ir à clínica com a mesma frequência, aos poucos Erika retornava a ela, agora já conhecedora da vida de Maurício, pois Frida encarregara-se de colocá-la a par de tudo sobre o piloto que tão triste destino recebera da vida. Prêmio? Castigo? Não. Um acidente.

A jovem de sensibilidade artística e emoção à flor da pele trazia o coração engalanado por sentimentos desconhecidos. Seria amor? Amor à primeira vista? Será que ele existe? Ela achava que sim, estava amando pela primeira vez. Apesar de requisitada pelos jovens de sua idade, fora sempre cautelosa nesse mister. Golpeada na infância pelo acidente, tornara-se cautelosa e arredia. Descartava os pretendentes, transformando-os em amigos, em irmãos, aí o sentimento esfriava, e eles não a incomodavam mais. Apesar de sempre estar envolvida com turmas, principalmente por ser musicista, tinha à sua volta uma solidão contumaz. Dançava, tocava, cantava; contudo suas músicas traziam sempre um marco da solidão. Era bonita, todos o diziam, seus traços eram regulares, mas o seu fascínio estava nas suas composições, no seu canto solitário, no seu pedido de socorro dentro de seu silêncio. Por quê? Por quê?

Quando dedilhava seu instrumento e soltava a voz, como um pássaro cantante, arrebatava as pessoas, deixando-as eletrizadas, enfeitiçadas, irresistivelmente atraídas por ela, não importando a idade e o sexo. Todos a aplaudiam, acumpliciados com seu encanto; no entanto, ela estava imune às palmas, às adorações, sorria gentil e agradecia. Largava o violão e, como toda jovem, era absorvida por um grupo, para os embalos da festa.

E agora ela estava amando, e o seu amor era *sui generis*, pois o objeto de seu amor a desconhecia. E esse sentimento lhe trazia ao olhar uma certa nostalgia, sofria antecipadamente o amor a dois.

Naquele dia, ela o vira... Que dia era mesmo? Ah, não importa, mas fora um dia muito especial, porque quando ele adentrara o hospital, de fisionomia triste, trazendo nos olhos a exasperação e o desespero, ela sentira um tremor nunca antes sentido. Uma emoção desconhecida tomara conta do seu ser, e sentimentos contraditórios, apaixonados e desesperados haviam vibrado em suas fibras, e ela amou aquele desconhecido com toda a sua energia. O cupido acertara-a profundamente, e ela adoeceu desse sentimento.

De onde o conhecia? Onde já o tinha visto? Como podia ser-lhe desconhecida aquela pessoa estranha que mexia com os seus sentimentos? E o amor doía nas suas entranhas, era como estar em estado de graça e de desgraça, numa confusão de emoções. Sentia-se prisioneira numa cela sem grades, que estava ali, não visível a olho nu, mas existia e se lhe impunha.

Havia nele algo de familiar. Familiar? Como? Se ela o vira pela segunda vez e, por isso, do ponto de vista da razão, ele lhe era totalmente estranho?!

Sentiu ciúmes quando, no domingo aberto para visitas, o viu sendo empurrado por uma jovem quase de sua altura, de cabelos loiros, encaracolados e curtos, semelhantes aos dela, amarrados por uma fita de seda marinho, e que usava um abrigo esportivo e, de vez em vez, entabulava uma conversa empolgada, talvez muito interessante, com o rapaz. Ele, envolvido com seus pensamentos, mal respondia e via-se que falava silabicamente. A loira voltava à carga, não desanimando.

No entanto, nele transpareciam muita mágoa, muita solidão e vontade de estar só, concluía Erika pela expressão que via nos olhos e na fisionomia desesperada e infeliz.

De quando em quando a moça mergulhava os lábios em sua cabeleira, beijando-o com carinho, tentando transmitir-lhe força e coragem. Erika tudo observava de seu lugar estratégico e, amuada, falava para si mesma:

"Será que ela não vê que ele não quer saber de nada e que está desesperado, infeliz, desgraçado? Ah, se os conhecesse, daria um jeito de afastá-la dali. Mas como me aproximar? Além de não conhecê-los, eu não sou nada aqui, a não ser uma simples voluntária para alegrar inválidos, na hora da recreação. Meu Deus! Como não me lembrei? Haverá melhor apresentação do que a minha música?"

Embalada por este pensamento, corre leve como um gato, abre o lugar dos instrumentos musicais e, pela primeira vez, mira-se em um espelho, preocupada com a sua aparência, para ver como se encontrava, e, ao se examinar, gostou do que viu no espelho. Desceu a escadaria que dava para o ginásio, sentou em um dos degraus e começou a dedilhar o violão. Até aí ninguém tomara conhecimento, pois era dia de visita para os internos da clínica. Entretanto, quando ela soltou sua voz melodiosa e cantou uma de suas composições, a que ganhara o terceiro lugar no festival de praia, foi como se fizesse um chamamento geral. Os que já a conheciam caminharam ao seu encontro, cadeiras de roda competiam para chegar perto, os de muletas pediam ajuda para se aproximar, assim como os demais trabalhadores que por ali estavam.

A moça loira prestou atenção naquele alvoroço e falou baixinho no ouvido de Maurício, talvez o convidando para também se aproximar, ao que ele respondia com palavras e gestos de exacerbação.

Erika, que não tirava os olhos da cena, intimamente estava magoada, pois cantava com todo o seu ardor a música que era um apelo à saudade e ao amor não correspondido. No entanto, Maurício estava às voltas somente consigo mesmo. O convite mental, porém, fora feito como uma ordem, pois ele sentiu um calafrio, alguma coisa mexeu com ele.

Incontinente, levantou os olhos e os dirigiu para onde ela estava cantando e, como um autômato, junto com a acompanhante, para lá se dirigiu, sempre observado por Erika, que não desgrudava os olhos dele, magnetizada.

Maurício ficou a uma distância regular, de postura impertinente, mas totalmente envolvido e enfeitiçado por ela e pelo que ela cantava. No entanto, para ele aquilo foi demais, afinal, o que importava era a sua pessoa, o seu orgulho, a sua autopiedade. E, num repente, levanta o queixo voluntariosamente, fazendo um sinal nervoso para a acompanhante, e se afasta. A loira ainda argumenta qualquer coisa no seu ouvido, mas ele estava surdo às suas argumentações, a induções, a ideias e, com gestos bruscos, retira-se, deixando atrás um laço de dor e lágrimas.

Capítulo 21

O encontro

O crepúsculo coloria o horizonte como uma pintura magistral. Erika, de violão pendurado nas costas, montada em sua moto, zarpava pelas estradas pavimentadas. O céu estava multicolorido, e penachos de nuvens tonalizadas enfeitavam o céu. Já fazia três meses que ela tivera aquela experiência de volta ao passado na clínica, quando presenciava a internação de Maurício. Mas receosa não se aproximava dele, e também tinha muita coisa para fazer, sempre com seus horários tomados de compromissos com o curso de Medicina, trabalho para entregar com data marcada, e ainda tinha seus amigos necessitados de atenção e carinho na clínica. Também compunha músicas, formava grupo de vozes, selecionando pessoas para formar um coral para eventuais festividades quando houvesse. Tinha um afeto muito especial pelas crianças nascidas com algum defeito físico, dando-lhes tempo especial, conversando com elas e ensinando-as a cantar. Tudo para preencher a cabeça para parar de se preocupar com Maurício, que povoava sua vida mental. Mas, sempre que dava, informava-se de seu estado e se estava progredindo com a fisioterapia.

&

Era domingo novamente, e, como sempre, ela estivera na clínica e agora voltava para casa. Enquanto o vento musicava em seus ouvidos e rodopiava em seus cabelos, ela aspirava o ar cálido do entardecer. O panorama esplendoroso daquelas estradas mexia com sua sensibilidade, e ela se emocionava na recordação das emoções que vivenciara havia poucos instantes.

Fora um dia cheio de tarefas, desde auxiliar na fisioterapia até os divertidos ensaios com o coral, selecionando vozes infantis femininas e masculinas, e esta era a parte mais gostosa.

Vira Maurício de longe, seu coração se apertara, mas nada podia fazer para ajudá-lo. Ele, a propósito, estava sempre irascível, alucinado na corrida para conquistar a mobilidade das pernas que não comandava mais. Persistente, não perdia a fisioterapia, quer na água, quer nas barras. Entretanto, seu universo social estava totalmente vazio, não permitindo que ninguém entrasse nele.

Havia de sua parte uma obstinação quase furiosa ou uma determinação louca, irracional. Não permitia intromissão em sua vida, além dos profissionais de praxe. À sua volta só permitia os seus familiares e sua namorada, Lou, que ele maltratava sobremaneira, desrespeitando a sua individualidade, na esperança de que ela desistisse dele.

No final do expediente daquele dia, nossa garota tivera uma surpresa inusitada. À sua saída da clínica alguém a esperava no saguão de entrada.

Era ele!

— Alô, você se chama Erika, não é? — disse o rapaz esforçando-se para transmitir simpatia.

Erika gelou, tivera um sobressalto. Aquele homem com gestos de menino mimado que povoava seus sonhos vinha a seu encontro, espontaneamente. Ah, foi demais, a emoção fora tão grande que ela, engasgada, mal pudera balbuciar um sim.

Então ele continuou:

— É você a responsável por aqueles enfadonhos ensaios musicais?

Ela ficara vermelha como uma pimenta, mas respondera, levantando o queixo em sinal de indignação, dizendo:

— Sim.

— Bem — continuou ele —, lembro-me de que num fim de semana, quando estava com minha namorada, você se postou nos degraus do pátio e cantou.

— Sim!

— Recordo-me de que todos os que a ouviam, de um jeito ou de outro, tentaram se aproximar de você e que a sua voz também chamou a minha atenção e a de minha namorada, que me convidou para nos aproximarmos, apesar de eu me sentir chateado. Eu não estava interessado em música alguma, mas, para não contrariá-la, concordei, envolvido que estava com os meus problemas. Entretanto, quando a vi bem de perto, tive a impressão de já tê-la visto antes, onde, quando, como, sinceramente não sei. Passei bom tempo da minha vida assediado por muitas mulheres, que me disputavam, mas o que me causou estranheza foram as emoções desencontradas daquele momento, vendo-a perfeita, feliz e, ainda por cima, encantando a todos que queriam ouvi-la e participar do seu convívio. Aí foi demais, você me causou raiva, ódio, e a desprezei acintosamente, sabe por quê? Porque você estava roubando a minha cena, aquele ato me pertenceu no passado, pois onde transitava era reconhecido, e, enquanto você era aplaudida, eu jazia no anonimato. Veja só que ironia, eu era somente um expectador comum e apagado. Dali para a frente sempre a evitei. Cada vez que a via odiava-a e, sempre que podia, eu tentava fazê-la sentir o quanto a desprezava, sabe? Eu me regozijava quando a acertava com meus gestos incoerentes, pois via a mágoa em seus olhos, ressentimento, e isso me fortalecia. Eu me sentia poderoso, dono da situação. Só não entendo por que não me abordava, aliás, até me temia, e quando fugia de mim, eu me sentia mais forte. Dizia para mim mesmo, "eis aí uma pessoa aplaudida por todos e que se amedronta com o poder do meu desprezo". E me fortalecia, pensando: "vamos, bate nela com os seus gestos e sua ironia, ignore-a, pois assim será temido; afinal, ela está roubando o seu lugar, o de celebridade, bata, bata nela".

Erika, vendo aquele homem desenrolar o carretel da amargura, de um só fôlego, agredindo-a gratuitamente com palavras ásperas e corrosivas, ficou de pé, como um espectro, sem conseguir dizer uma palavra, apenas a emoção se fazendo sentir. Ficou arrasada, lágrimas silenciosas corriam pela face de simetria regular e, no intervalo da pancadaria verbal, tomou fôlego e disse, à queima roupa:

— Já acabou? Tenho outros compromissos, se você me der licença, preciso partir, meus pais me aguardam, e já está ficando tarde, com licença.

Aí aconteceu o inesperado, quando Erika abria a porta para alcançar a rua, ouvira-o dizer, súplice:

— Erika espere, por favor, eu, eu...

E numa explosão de emoções desencontradas, ele se pôs a chorar, não um choro silencioso, mas um choro convulsivo, mais parecia um ronco, um pedido de socorro. Ele se deixara ficar como uma folha ao léu, à deriva, a tempestade que lhe ia na alma tinha devastado a sua frágil cobertura de machão mal-educado.

Naquele instante, presente e passado se encontravam, num choque indescritível, espetacular, querendo derrubar a muralha do agora.

Quebrando o gelo da timidez e de olhar intenso e profundo, Erika mergulhara naquele mar revolto, e, tentando aplacá-lo, a garota diz:

— Maurício, o que é que você quer de mim, afinal? Você me agride, diz claramente que me odeia, e agora chora?

Limpando as lágrimas que teimavam em correr pelo rosto moreno, o rapaz, entre um suspiro e outro, fala, gagueja, sem mais aquela autossuficiência que mantinha quando falava com desprezo:

— É que... ah... falei com a enfermeira Frida, e ela, não sei por que motivo, contou-me de sua luta na infância, quando foi atropelada, e me aconselhou a conversar com você. Relutei muito, e faz semanas que estou deixando amadurecer a ideia. Enquanto isso, a examinava, cada vez que vinha à clínica, e andei me informando sobre você entre os outros... deficientes.

Quando ele pronunciou a palavra sinistra, fizera-o com relutância. Levantou a cabeça sem aquela voluntariedade e, de olhar súplice, a convidava para dirigir-se a uma das várias salas de visita para trocarem ideias.

Ainda com o violão às costas e aturdida, acompanha o ex-campeão de corridas, com a mente desarticulada, mas de transparência nas atitudes. Encaminha-se para a sala sentando-se em uma poltrona indicada por ele, com os braços cruzados, sem saber o que dizer.

Maurício a olhava com intensidade posicionando-se à frente da garota:

— Fale-me sobre você, preciso conhecê-la melhor.

Desconfortável com a situação, a jovem, movimentando os ombros, diz:

— Eu não tenho nada de interessante para você saber, nunca fui celebridade, não sou conhecida. Minha vida é comum, como a de todo mortal no anonimato. Tenho sonhos como qualquer pessoa, sou sensível, gosto de música e de cantar. Como vê, não sou nada especial, estou cursando Medicina e quando me formar me especializarei em Traumatologia, por prazer e dever. Aprendi a conviver comigo mesma e, nessa caminhada, me encontrei; e no meu autodescobrimento entendi que os sonhos não acabam nem envelhecem se apostarmos e acreditarmos neles. E você, que me interrogou, não quer falar a seu respeito, ou...

Titubeara em formalizar o seu pensamento, olhando as pernas de Maurício, paralisadas pelo acidente.

— Meu Deus — disse Maurício, colocando as mãos no rosto, em desespero —, estou grande demais para ficar pedindo colo!

— Vamos, estou esperando, sou toda ouvidos.

— Quem não conhece a minha história? Ela foi, por um bom tempo, assunto de jornais, da mídia e das rodas sociais também. Muita gente faturou alto com a minha desgraça, e, com sarcasmo, certamente você também ficou a par da minha desdita.

— Desdita, mas que palavra antiga! De que se queixa? Está vivo e saudável e pelo visto com muita energia, o suficiente para espezinhar e massacrar a vida daqueles que, por necessidade profissional, têm de atendê-lo! Essa sua vida de "celebridade" era apenas coisas de sua cabeça, enganado por seu próprio egoísmo.

— Está certo — disse o rapaz —, dou a mão à palmatória, sou um grosso, um mal-educado, azedo, antissocial, mas, diga-me, tenho motivos para ser bom, gentil e educado? Se a vida, em minha plena forma, me dá uma rasteira... Veja quem eu fui e quem eu sou agora. Eu... sou... um aleijado... a l e i j a d o... e isso todos os dias, ao acordar, tenho de enfrentar. Não posso caminhar, dançar, praticar equitação nem fazer o que eu mais gosto na vida, pilotar nas pistas. Acabou, acabou, você acha que tenho motivo para me orgulhar e viver? Ainda não me conformei e não sei se algum dia irei me resignar.

Erika estava linda, emocionalmente bela, havia nos seus olhos mais do que a cumplicidade daquele momento. Havia uma mistura de mulher e criança, numa linha de nobreza natural que transparecia nos seus gestos amáveis de moça educada, em que o equilíbrio do bom gosto rimava com o bom-tom. Estava discreta, mas irresistivelmente fascinante, sobrepondo-se ao lugar comum. Um clima aristocrático pairava no ar, em que a sutileza era a tônica forte, como se presente e passado se misturassem.

De repente, ele lhe pergunta:

— Gosta de *blues*, não é?

— Sim, mas isso agora não vem ao caso... E ainda não disse o que quer de mim.

— Nada, quero dizer, quase nada, queria apenas conhecê-la e conhecer o seu caso.

— Está bem, mas da porta para a rua até a porta da sala já se passou um bom tempo e, como eu havia dito, meus pais me esperam, e a essa hora devem estar preocupados, já que vou de moto, e eles temem algum imprevisto, mas em outra oportunidade conversaremos mais sobre o assunto, e dessa vez sem agressões verbais, promete?

— Sim — balbuciou o rapaz, um tanto encabulado.

Com um aperto de mão, ela busca a rua, onde estava estacionada a sua pequena moto.

E nesse clima de reminiscências, lá ia a jovem.

Chegando a casa, guarda a moto na garagem, junto do carro do pai, e com o coração acelerado entra porta adentro toda esbaforida, chamando pela mãe e Bentinha, a empregada, com o rosto afogueado.

— Mamãe, Bentinha, tenho novidades quentíssimas, venham, estou indo para o quarto, guardar minhas coisas! — E, sem fôlego, tira os tênis, larga o violão na mesinha, atira-se na cama fofa e agradável olhando para o teto com olhar sonhador.

Bentinha foi a primeira a chegar, limpando as mãos no avental xadrez. Logo em seguida chega Viviane, de olhar apreensivo, pois nunca vira a filha assim excitada, misteriosa e ansiosa, e pergunta:

— O que foi, aconteceu alguma coisa?

Com as mãos atrás da cabeça, deitada e de pernas cruzadas, meias coloridas ainda nos pés, com os olhos pregados no teto do quarto, fala solenemente:

— Mamãe, Bentinha, quero anunciar a vocês que finalmente estou amando! Amor à primeira vista! — E de um salto, fica de pé, abraçando-as com carinho. — Isto não é formidável? Achei o meu príncipe encantado, finalmente, finalmente!

— Quem é, querida, algum colega da faculdade? — pergunta Viviane.

— É o rapaz da *pick-up*? — tenta adivinhar Bentinha.

— Não — responde a garota —, nem um nem outro. É um rapaz que está fazendo terapia lá na clínica.

— Na clínica?! — falam as duas.

— Mas o que é que esse rapaz está fazendo na clínica? — completa Viviane.

— Ora, já disse, fazendo fisioterapia...

— Mas então é...

— Sim, mamãe, é isso mesmo que está pensando. Ele está paralítico. Teve um acidente de carro e fraturou duas vértebras.

— Meu Deus! Querida, lutamos para você não ter problemas com suas pernas, para ter uma vida saudável e feliz, e você está justamente gostando de um rapaz... Não quero ser preconceituosa, não desejo ser discriminadora, mas, querida, você já avaliou isso? Às vezes você me dá a impressão de não merecer a superação do seu problema das pernas. De onde vem essa autopunição, e por quê, minha filha?

— Mãe, escuta, a senhora... a senhora está enganada. Eu não estou me punindo, longe disso, não sou neurótica para investir em negativismo nem estou fugindo de mim. Não procurei essa situação, simplesmente aconteceu. A senhora deve saber, pela experiência que tem, que os sentimentos são coisas irracionais. Lembra daquela modinha? *"Quem eu quero não me quer, quem me quer mandei embora..."* — cantou imitando antigas canções cantadas pela mãe, que aprendera com sua avó.

— Quer dizer que ele não a quer? Mas que desfaçatez, ainda mais nas condições em que está, ele deveria pegá-la com as duas mãos. Só faltava essa! — exalta-se a mãe.

— Ah mãe, ele me ama e não sabe. Vai me amar, tenho certeza, é fatal que nos amemos, nossos destinos estão traçados.

— Erika, Erika, você me dá um nó na cabeça. O que mais vai me aprontar? Vamos lá, fale desse dito cujo, quem é, como é, e assim por diante.

— Bem, dona Viviane, o mais importante é que eu finalmente vou concretizar o meu sonho. Vou viver o meu romance, verdadeiro, transparente, vai completar a minha felicidade. Ah, Maurício, Maurício, você não sabe o que está perdendo em sentimento e cumplicidade. Você é... minha alma afim. Espere para ver e verá.

— Ah, então o seu príncipe encantado chama-se Maurício, hein?

Bentinha, desorientada, não compreendia as complicações de Erika, e diz, atribulada:

— Mas afinal, *tá* ou não *tá* namorando? Não entendi nada, *tô* confusa.

Viviane, complacente, diz à boa senhora:

— Vamos sair daqui, senão nossa cabeça vai virar comida para pássaro, e, segurando a mão da boa mulher, retira-se do quarto da filha, que já as esquecera, com os olhos sonhadores em outra esfera.

Capítulo 22

Na faculdade

A Faculdade de Medicina exigia cada vez mais da estudante de olhos castanhos como um pélago profundo. Ela mal fazia as refeições habituais e retornava para o quarto, onde, em sua escrivaninha de mogno, bem talhada, ficava muitas horas estudando, consultando livros em espanhol, em inglês, aprofundando-se nas matérias que teria de vencer.

Entretanto, cada vez que tinha de participar de trabalhos na clínica de doentes mentais, chegava a casa deprimida e perturbada, a ponto de preocupar seus familiares. A mãe, para consolá-la, pedia-lhe para deixar a matéria de lado, já que era optativa, poderia ficar para o final, mas a jovem, que era perseverante, não admitia deixar nada no meio do caminho e, assim, mergulhava nos estudos, continuando a visita ao hospital, entrando permanentemente em contato com aquilo que seus colegas designavam "a história da sociedade anônima... que ninguém queria conhecer..."

Alguns permaneciam totalmente nus, apesar da insistência das enfermeiras em cobri-los, entretanto a maioria vivia fora de órbita, viajando num mundo em que ninguém poderia penetrar. Um lugar de fantasias e pesadelos, onde o sonho se transformava em verdadeiro terror e pânico, personagens e comparsas permanentes daqueles seres que, certamente, haviam nascido pelas mesmas vias do normal.

Enquanto tinham alguma réstia de racionalidade, muitos faziam dos alunos de Medicina os seus confidentes e contavam coisas incríveis, fantásticas, imperdíveis.

A maioria era esquecida por seus familiares, que fugiam de visitá-los, temendo terem de suportá-los em casa e conviver com a alienação deles. A cada retorno, Erika não conseguia dominar o abatimento, vendo naqueles seres "descartáveis" para a sociedade, criaturas sem saída, sem volta, com mínimas chances de viver a sua vida fora daquele reduto. E qual o crime hediondo que carregavam, a não ser a incompatibilidade com a normalidade, considerada segundo as regras de saúde tradicionais? Qual a esperança que alimentavam de liberdade, senão o desencarne, quem sabe vendo nele a saída para suas prisões, seus cárceres mentais?

"Meu Deus", pensava a futura médica, num colóquio solitário, "mas que destino cruel! Vivendo sem viver, convulsionados, dementes, desgraçados e desamados. A solidão e a infelicidade rondam à sua volta."

E, num desabafo, chorava muito, e depois fazia uma prece sentida a Jesus. Com toda a força de seu coração generoso, suplicava alívio para as dores daqueles infelizes que eram também filhos de Deus.

"Eu gostaria", pensava ela, "de estar quilômetros longe desta clínica psiquiátrica, para não vê-los sofrer. Grande parte sem esperança de uma cura real, como os esquizofrênicos e os mentalmente retardados irreversíveis ou com neurônios desequilibrados sem retorno à razão."

Torturava-a saber que não teria retorno no atendimento que executava. Em seu estágio, queria vê-los bem ou pelo menos com esperança de sair daquela prisão, mais psíquica do que material, enquanto vivessem. Muitas vezes iam para o pátio da clínica e, mesmo com um sol maravilhoso ou um dia colorido, estavam envoltos na escuridão no seu mental, na sua depressão, na sua vida psíquica, encarcerados psicologicamente.

A estudante, com seu coração amoroso, gostava de ajudar, de aliviar a dor alheia, próprio do seu coração amoroso. Sabia compreender a dor dos outros e avaliava a desdita, as aflições e o tormento que aquelas criaturas passavam.

"Jesus de Nazaré", argumentava com o Mestre Divino, "esses enfermos têm ânsia de paz, apesar de viverem na própria perturbação e, no entanto, não logram conseguir sossego para as suas dores mentais."

A loucura não escolhe idade nem sexo, atingindo uma população considerável.

Seu professor nessa disciplina, apesar de idoso, tinha um comportamento pouco usual, pois ao sentir os pés desconfortáveis pelo calor ou pela tensão, tirava os sapatos. Entretanto, era de uma grandiosa generosidade. Havia muito tempo administrava a cadeira de Psiquiatria na universidade, e diziam alguns que era praticamente dono do hospital para débeis mentais que dirigia.

Erika não via a hora de terminar o semestre, para não ter mais de enfrentar a matéria ou os pacientes. A Medicina, nesse campo, continuava na estaca zero, atendendo os que ficavam em crise com os tradicionais choques elétricos e anulando paulatinamente os neurônios em desequilíbrio, ou melhor, matando-os.

"Se não tinham cura", pensava ela, "era duro demais ajudá-los ficando somente na área do diagnóstico", o que era para ela demais doloroso. Os casos psicóticos eram os piores.

A Psiquiatria de filosofia materialista não acreditava no espírito, mas num psiquismo elaborado pela massa encefálica. Tratava as emoções desencontradas como material desarranjado nas células neurônicas; contudo, quanto ao espírito eterno... deixava de lado.

Capítulo 23

Os pedidos de socorro

As distonias campeavam por todos os lados, pedindo socorro e comiseração, mas os profissionais da área, com o tempo, ficavam imunes àquele apelo doloroso e silencioso. — Por isso o desencontro de Erika, de temperamento sensível e emoção à flor da pele.

O grupo, que ela tratava com muita paciência, às vezes dava sinal de equilíbrio, a razão voltava, mesmo que por breves momentos, e, quando ela silenciava, em prece muda, aplicando "amorterapia", minimizava a distonia mental e comportamental deles, e o afeto perdido parecia se ajustar emocionalmente.

Nessa fase, ela se dividia entre os dois hospitais: para os portadores de deficiências físicas e o psiquiátrico.

Quando levava seu violão e tocava e cantava baladas, sentada no pátio entre os doentes mentais, claro, os que estavam em recuperação tinham acalmadas as suas loucuras, as suas disfunções. As fisionomias alteradas e dantescas serenavam como se eles tivessem dado trégua à guerra íntima em que viviam. As notas musicais das cordas do violão e a docilidade da voz de Erika eram como bálsamo a envolver como analgésico os espíritos que ali se encontravam, uns em desequilíbrios obsediando os enfermos; outros, perdidos na própria loucura, provavelmente desencarnados ali mesmo. A melodia os envolvia dissipando qualquer resquício de animosidade, permitindo assim o auxílio daqueles que trabalham do outro lado da vida, ou seja, que os espíritos socorristas, que estavam presentes, se aproximassem e os envolvessem com um amor sublime, encaminhando-os para postos de socorro do plano espiritual, enquanto seus corpos materiais estavam adormecidos. A misericórdia de Deus jamais abandona seus filhos.

Nesse período, Erika emagreceu a olhos vistos, trazia ao redor dos olhos permanentes olheiras que falavam de seu cansaço e de sua preocupação. Contudo, não desistiu, concluiu o ano e foi até o fim, vencendo as provas teóricas e continuando as visitas aos dementados.

Não era por acaso que o seu professor de Psiquiatria mantinha um comportamento incomum, destacando-se do tradicional, mas seus alunos gostavam dele e eram complacentes com suas atitudes, por entender que a sua displicência trazia, nos meandros, um sentimento de culpa por não conseguir curar seus pacientes. Diagnosticava a enfermidade, detectava o órgão doente, conhecia a etiologia, mas não finalizava com a cura.

Se a Ciência se aprofundasse mais, indo além da matéria perecível, veria que as pessoas portadoras de patologias variadas não são apenas matéria, mas corpo e espírito, e esse último, imortal, intransferível, vem de uma longa história de existências sucessivas por meio das muitas reencarnações, acertando, errando, aprendendo e, fatalmente, reencarnando mais uma vez! O homem traz ao renascer o gérmen das suas imperfeições, dos defeitos que não corrigiu e que se traduzem pelos instintos naturais e pelos pendores para determinados vícios; por outro lado, trazem também consigo a intuição do que aprenderam antes, as conquistas realizadas. E o que dizer das ideias inatas observadas na própria infância? Para os cientistas, no entanto, a vida nada mais é que a segregação do cérebro, que produz o pensamento e a emoção e o próprio sentimento, e, por um acaso, uns vêm com o psiquismo alterado com disfunção que ocorre na hora da concepção por uma fatalidade na seleção.

Erika, que já havia tomado conhecimento dos postulados do Espiritismo, do nascer e renascer e da Lei da Causa e Efeito, se chocava quando lia os mestres da psicologia e psiquiatria e pensava:

"Como homens de grande percepção, inteligência e saber não atinam com a imortalidade do ser e suas intrincadas ações no mundo físico e psíquico? No entanto, a doutrina da reencarnação é a única que mostra que a justiça de Deus explica a existência de homens em condição moral inferior e que pode também explicar o futuro e afirmar as esperanças, pois oferece os meios de resgatarmos os nossos erros por novas provações. A razão indica e os espíritos ensinam."[5] "As desigualdades das aptidões e do desenvolvimento intelectual e moral só o Espiritismo pode e tem lógica e razão para explicar", continuava

---

5. Nota da editora: *O Livro dos Espíritos*, Parte segunda — Mundo Espírita ou dos Espíritos — cap. 4, "Pluralidade das Existências — justiça da reencarnação", questão 171, Petit Editora.

a pensar a garota com critério e visão de eternidade ao olhar aqueles seus irmãos perante Deus e a vida imortal. Sempre que deixava a aula, saía reflexionando sobre si e a vida de seus pacientes.

Capítulo 24

A louca

Dentro da área de Psiquiatria, eram muitas as personagens que se destacavam, cada uma com suas características, e Erika encontrou, dentre tantos doentes, a figura exótica e desesperada de Miriam Monte.

No começo do tratamento, a interna a olhava de soslaio, desconfiada, a distância na maior parte do tempo. Na sua loucura, encarnava inúmeros personagens. Quando o desequilíbrio não era intempestivo, Miriam vestia a personagem de Branca de Neve, era doce, gentil e carinhosa. Seus gestos bem trabalhados davam a entender que pertencia à nobreza, tanto pelo físico como pela educação. Tinha, apesar da demência, liderança. Magra, alta, cabelos negros, olhos verdes, comandava seu grupo com persuasão.

Entre os homens que a acompanhavam no lazer, ela destacava sete, que denominava anões, e os chamava com os respectivos nomes conhecidos da história infantil.

Miriam, na fase de fertilidade, em período de ovulação, pois na época estava com trinta e dois anos, envergava a personalidade de Messalina ou Maria Antonieta, da França, despindo-se completamente. E, nua, concitava os parceiros a tomarem-na em relação sexual. Investia contra eles como se fosse um verdadeiro animal atrás da caça.

A crise era controlada quando os enfermeiros, num grupo considerável, a imobilizavam e a dopavam com grandes doses de barbitúricos, ao que ela reagia, arranhando, mordendo e dando pontapés. Entretanto, o mais inverossímil é que muitas vezes encarceravam-na com muitos homens, para que ela desse vazão aos desejos incontroláveis.

Saía dessa situação, vencida, ultrajada. Tomava ares de nobreza, de elevação, fazia mesura ante o invisível, estendendo a mão languidamente, para ser beijada.

Erika presenciava essas crises, protestando contra os maus-tratos que lhe infligiam.

Miriam acabava sempre em solitária, completamente nua, para não causar danos a si e aos outros.

Certa feita, em um desses estados patológicos que Miriam apresentava, nossa garota sintonizou com a mente em desalinho da paciente psicótica e teve um sobressalto, pois enxergou-a, em tela panorâmica, com toda a riqueza que a mente poderia alcançar. A tela estava povoada com requintes de esplendor, e ela se vestia com pompa; os lugares eram de uma realeza pura, as moradias onde seu espírito devaneava eram de um século distante do nosso, fugia do nosso presente.

Os gestos maneirosos de uma época passada eram copiados pela paciente tal qual ela se via, como se estivesse repetindo uma cena teatral de interminável ensaio.

Erika não saberia dizer quem era aquela legítima dama, de vestimenta empobrecida na atual encarnação, que preferia, na sua loucura, caminhar em direção contrária, isto é, para o passado.

A direção da clínica entendeu que precisava impedir aqueles desatinos na zona genésica, controlando, pacientemente, a temperatura do corpo, para localizar a época da ovulação e tentar bloqueá-la, a fim de que não se repetissem aquelas atitudes da enferma, que tantos problemas de monta causavam na área médica.

A estudante de Medicina se perguntava:

"Quem era aquela personagem que nascia com tanta precisão de um inconsciente abarrotado de tantas informações, trazendo para a nossa época os desencontrados problemas que ficavam fora de foco, ressurgindo das cinzas de um pretérito que jazia na face oculta do consciente?"

E lembrou-se do amigo Celso, que tinha muito conhecimento sobre vidas sucessivas, ou reencarnação. Talvez estivessem aí as respostas que ela queria obter. Uma pessoa com a mente desarranjada não poderia criar uma história com tantos requintes em sua personalidade desequilibrada considerada a enfermidade irreversível.

Marcou com doutor Celso, que, prontamente, assentiu em conversar com ela sobre reencarnação.

Dia marcado lá estava ela, com aquele jeitinho meigo e olhar leal, pronta para um esclarecimento.

— Boa tarde, meu amigo, não queria incomodar, mas esse assunto que me trouxe aqui para consultá-lo tira-me o sono e a faculdade de raciocínio. A Medicina não tem respostas que me satisfaçam e, quando tem, diz apenas que é a segregação do cérebro saudável ou enfermo.

Assim ela relata tudo o que presenciou naquela visão.

Doutor Celso a ouviu com muita atenção, volta e meia meneando a cabeça à descrição detalhada da futura médica, que se via torcendo as mãos em sinal de aflição. Então senta-se na sua cadeira rotativa, toma de um livro, consulta as páginas e lê: "A doutrina da reencarnação, que consiste em admitir para o homem diversas existências sucessivas, é a única que responde à ideia que fazemos da justiça de Deus em relação aos homens que se acham numa condição moral inferior; a única que pode nos explicar o futuro e firmar nossas esperanças, porque nos oferece o meio de resgatar nossos erros por novas provações. A razão nos demonstra essa doutrina e os Espíritos a ensinam."

— Está aqui em *O Livro dos Espíritos*, na questão 171. — E mostra para a estudante as páginas correspondentes. — Sua paciente com certeza está passando por uma expiação para reflexão e resgate de uma encarnação cheia de vicissitudes, está vivendo o inverso dos dias de opulência, e a dor faz o caminho da regeneração. Minha filha, programamos nossas vindas de acordo com o nosso passado, somos herdeiros de nós mesmos, isso é incontestável. Veja bem: o princípio da reencarnação é uma consequência necessária da lei de progresso. Sem ela, como explicaria a diferença que existe entre o presente estado social e o tempo da barbárie, como é o caso da sua enferma? Tome, leve para casa este livro e, quando der, você o vasculhe com sua curiosidade natural. Primeiro, leia desarmada, livre de qualquer preconceito; a seguir, releia e, se lhe fizer sentido, estude e analise. Na segunda parte, você vai encontrar o título "Do mundo espírita ou dos espíritos", aí você vai ver o fenômeno que lhe aconteceu penetrando na mente dela e que não é comum, mas você é sensível nessa área.

— Ah, doutor Celso, tem razão, como fui ler sua mente? Isso é impossível. Obrigada, amigo. Farei o que me sugeriu. Voltarei outro dia para discutir os assuntos atinentes a este livro. Já estou curiosa para lê-lo.

— Claro, minha querida, volte sempre que puder. Será um prazer conversar com você.

Em certa ocasião, quando Erika cantava e tocava para o grupo, Miriam teve uma crise de fúria extemporânea, investindo contra a estudante, como se ela fosse uma inimiga a ser eliminada. Foi quando os pacientes se levantaram, formando um círculo em torno dela, para defendê-la da louca que tentava acertá-la fisicamente:

— Aqui quem é a rainha sou eu, sua vassala imprestável. — Gritava Miriam. — Onde está o meu chá das cinco? Vamos, saia imediatamente antes que eu a envenene, como fiz com as outras camareiras!

Sua voz era de determinação, de comando, e não admitia desobediência.

— Fora, fora, ou a entrego ao carrasco, sua irresponsável, vou ensiná-la a obedecer à sua majestade!

A estudante tremia. Se não a conhecesse ou não soubesse de sua psicose, diria que estava na frente de uma pessoa de autoridade. Até então, Erika não havia se inteirado plenamente da situação de Miriam, quem realmente era, de onde viera, quem eram seus familiares e o porquê daquele abandono, visto que nunca vira ninguém da família procurá-la ou visitá-la.

Depois do incidente, passaram-se alguns dias, e a estudante retornou à clínica psiquiátrica com o grupo habitual, para examinar os enfermos e estudá-los. Enquanto os colegas se reuniam com os professores da matéria, ela se afastou e foi ao gabinete do diretor para colher dados precisos de Miriam.

Chegando à porta, bate delicadamente, e vem ao seu encontro um senhor dos seus presumíveis sessenta e cinco anos. Traz a fisionomia tranquila e um sorriso encantador nos lábios. Faz a moça entrar, sentar-se e inteirá-lo do motivo de sua visita, olhando-a com interesse e uma certa curiosidade:

— Em que posso servi-la, jovenzinha?

— Estou interessada em uma paciente interna conhecida como Miriam Monte. Apesar de saber que não devemos nos envolver emocionalmente com os pacientes, regra número um na profissão que estou conquistando, gostaria de saber de sua vida particular, para entendê-la e encontrar a melhor maneira de ajudá-la. Sinceramente, meu interesse é unicamente clínico. Quero saber de sua relação com seus familiares, qual a sua origem e como veio parar aqui. Bem, eu queria ter em mãos material substancioso para poder avaliar seu caso sob todos os ângulos. Pessoas que nos geraram, todos partem de um núcleo social em que convivemos; logo, Miriam Monte não foge à regra.

À medida que a estudante ia racionalmente expondo seus pontos de vista, o médico diretor ia modificando sua fisionomia, de surpresa em surpresa, mas de uma forma agradável. A jovem não lhe dava tempo para interferência, falou de um só fôlego tudo o que queria dizer e depois silenciou, aguardando a resposta.

Doutor Frederico meneia a cabeça em sinal de satisfação, aciona uma campainha, e logo adentra em seu gabinete a funcionária responsável pelos arquivos dos internos, a quem ele pede a pasta onde estava a história da enferma de interesse de Erika.

Enquanto esperam pelo retorno da funcionária, o diretor elabora um diálogo com a miúda estudante, que detinha um belo sorriso, mostrando a fileira de pérolas alvas de seus dentes bem formados.

— Então você está realmente interessada na nossa interna. Vai seguir o caminho da Psiquiatria? É uma profissão dura. Nossa clínica está sempre lidando com dificuldade financeira e de material humano. Às vezes, temos de recorrer a empréstimos para suprir nossas necessidades, já que a Previdência é lenta em repassar as verbas, mas, enfim, estamos aqui para a luta.

Erika sorri francamente, dizendo com gentileza:

— A Psiquiatria é um bom campo para o trabalho, mas não vou segui-la, a minha opção é por Traumatologia. Entretanto, em tudo o que faço, gosto de me inteirar e me aprofundar para fazer a coisa certa, e este é o motivo de minha visita ao senhor. Quero subsídio para compreender o quadro de Miriam Monte.

O médico fica mais surpreso e confuso com a resposta dela.

— Ora, ora, não é que você me surpreendeu? Com tanto interesse, supus que seríamos colegas, na mesma área. Já pensou bem? Não será este o seu caminho, tratar do psiquismo desarranjado com distúrbios na área emocional e física?

Erika interfere, desajeitada:

— Não, não, já tomei a minha resolução, quero mesmo tratar com ossos, vértebras, músculos, tudo o que diz respeito ao esqueleto.

O médico deu uma gargalhada gostosa ao ver com que veemência Erika defendia sua opção, colocando-se em guarda para uma suposta influência que a desviasse de seus propósitos.

— Está bem — disse o médico —, seja feita a sua vontade... — e completou rindo: — ...assim na terra como no céu.

Neste ínterim, chega a dita pasta, e o doutor Frederico abre-a e a examina em silêncio.

As folhas quase surradas pareciam uma sinopse de um romance antigo. Meneia a cabeça e fala, respirando fundo:

— É doloroso investigar o passado desses internos, porque não há neles contos de fadas, mas muita história de bruxas malvadas. Temos aqui no nosso hospital histórias interessantíssimas, nunca exploradas pela literatura, que dariam *"muito pano para manga"*, se fossem publicadas. Miriam Monte não foge à regra, bem... vamos ao caso. — E batendo com a mão na escrivaninha diz: — Segundo informação daqui, seus pais a trouxeram há mais de 15 anos. Ela é de família tradicional, fazendeiros da cidade vizinha. Seus sintomas psicóticos aconteceram, ou melhor, se declararam na noite de festa das debutantes, muito comum em cidades provincianas. Consta que, após a sua apresentação à sociedade, e depois de ela deslizar no salão, nos braços do pai, dançando a valsa de praxe, Miriam começou a ter alucinações visuais e auditivas, uma amnésia momentânea fechou o quadro. Ao sentar-se à mesa do clube, junto aos pais e amigos, teve tonturas, os olhos se turvaram, reclamava que não estava enxergando, que estava tudo escuro, pedia que acendessem as luzes e dizia que música alegre enchesse o salão porque a que tocava era barulhenta e sem nexo.

— A consciência foi nublando — o médico continuou lendo o histórico —, e ela foi perdendo contato com a realidade, enquanto suores frios corriam pela sua face alterada. As mãos esfriavam, e, nesse justo momento, ela deu um grito lunático, saiu de perto do pai, correndo para o centro do salão, dementada, gritando a plenos pulmões que era Messalina e que o seu corpo desejava ter prazer. No tumulto, ninguém se aproxima dela, todos num estupor só. Num fechar de olhos, ela se despiu totalmente, numa rapidez vertiginosa e, como uma fêmea no cio, investiu contra os rapazes, concitando-os a possuírem-na em pleno salão. Os familiares, no primeiro momento, aturdiram-se, totalmente estáticos, sem ação, como que sonambulizados, presenciando a cena inusitada, como se não fizessem parte daquele contexto. Miriam, totalmente despida, agarrou-se a um rapaz corpulento, acoplando-se de tal forma que foi difícil apartá-la. Tiveram de chamar a polícia, a música foi suspensa, o tumulto se alastrou, a agitação foi grande.

O médico respira profundamente para tomar fôlego e continua:

— Veja bem, menina, todos esses acontecimentos tiveram lugar numa cidade interiorana, onde os valores morais estão embutidos nas convenções, nas aparências, em regras rígidas, inflexíveis por parte do patriarcalismo, tendo como autoridade maior a figura do pai. Isso foi um escândalo indescritível. A moça, de índole frágil e com uma educação extremamente rígida, excessivamente vigiada, não suportou, e seu psiquismo desandou. Apesar de estarmos vivendo tempos de mudança, as famílias ditas tradicionais, por essas bandas, possuem um instrumento repressor inadequado das religiões tradicionais, e todos seguem à risca a postura exterior. Bem, "colega" — diz sorrindo o profissional —, como você vê, nosso hospital é estadual, mantido por uma ala particular que, entretanto, não cobre todos os nossos gastos, nossas despesas. Estamos sempre às voltas com o pouco, quando não o muito pouco. Você tem restrições aos tratamentos aqui dispensados aos doentes, considerando-os ultrapassados e quase desumanos. Concordamos em parte, mas nesta luta, sozinho, não resolvo nada. Muitas vezes, sou um voto vencido em determinadas operações administrativas. Dizem os meus colegas que temos de trabalhar com o material disponível às mãos, jogando com eles, apesar da precariedade.

— Mas, doutor Frederico, os procedimentos considerados desumanos precisam acabar. Afinal, não se trata de animais, as pessoas aqui encarceradas são seres humanos necessitando de amor e entendimento.

— Bravo — diz o médico batendo palmas em sinal de anuência —, tenho mais uma parceira do meu lado. Na próxima reunião não serei um voto vencido, e quem sabe meus projetos serão aceitos pelo conselho. Não terei mais o apelido de sonhador, ou visionário, isso se não me chamarem de velho senil. Sou a favor de ideias novas, gente com projetos corajosos. Sangue novo é sempre bem-vindo em qualquer departamento, quanto mais na área médica. Se bem me lembro, estou aqui neste hospital alguns anos a mais que a hospitalização de Miriam Monte. Tratei-a pessoalmente, mas toda a medicação convencional tornou-se sem efeito à psicopatia dela. Veja bem, o tratamento foi totalmente neutro. Miriam Monte foi e continua sendo a pedra no meu sapato. Em todos esses anos de hospitalização, não teve uma melhora apreciável. Sempre à deriva, com dois passos à frente e dez passos atrás. Você, cara estudante, tocou fundo na minha ferida. Apesar de tratamentos deficientes aqui desenvolvidos, centenas de pessoas foram curadas, e suas enfermidades, controladas. Muitos tiveram acompanhamento fora do muro hospitalar e retornaram várias vezes, sem perder, no entanto, a referência de si mesmos. Agora ela, depois daquele baile fatídico, nunca mais voltou ao que era.

Os olhos do médico se encheram de lágrimas, falando de sua impotência e do amor que tinha por seus pacientes. E completou:

— Para mim, trazer à tona o psiquismo perdido é como fazer um parto e receber nas mãos o milagre da vida.

Erika, extremamente sensível, deixou-se envolver pela emotividade do velho médico e também molhou as faces de lágrimas silenciosas. Depois, ponderou:

— Doutor, e a família? O que faz ou o que tem feito por ela?

— Ah, a família! Nos primeiros anos nos confiaram a filha, na esperança de ajudá-la, mas o tempo foi passando, e eles, não vendo nenhum resultado, pois ela nunca mais os reconheceu, aturdidos, deixaram-na aqui e se retiraram. Miriam estranhou sobremaneira o ambiente, as pessoas e, com o tempo, piorou mais, a olhos vistos; tentou por várias vezes o suicídio, da maneira mais inesperada, entretanto via em mim uma pessoa de confiança, e quando eu a tratava pessoalmente, as crises eram debeladas, mas vou contar uma de suas crises, que mais me chamou a atenção.

Recostando-se melhor na cadeira, o médico continuou:

— Certa feita, em que as crises haviam se espaçado e sentíamos esperança quanto à sua melhora, dizem os meus amigos que sou um sonhador, e eu respondo que ninguém vive sem sonhos, ela se encontrava serena, mantida com menos calmantes, que faziam bom efeito. Estávamos almoçando com os demais doentes em recuperação com um quadro estável. De repente, no meio da refeição, nossa! Foi terrível! Em segundos ela subiu à mesa, retirou a roupa, totalmente insana, e golpeou a área do baixo abdome com o garfo e a faca com que se alimentava, sem medo, sem gritos de dor, totalmente insensível. O sangue espirrava por todos os lados, e ela de pé, ali, totalmente enlouquecida. Foi um alvoroço, como se um estopim tivesse sido aceso. Os doentes que participavam da mesa aderiram àquela loucura de forma maciça. Uns puxavam os cabelos, outros defecavam na roupa, outros, em fúria, batiam a cabeça na parede, causando sérias fraturas; outros, tensos, atiraram-se numa briga sem vencedor, todos vencidos. Tivemos de chamar a polícia para ajudar os funcionários, que, pegos de surpresa, não conseguiam controlá-los. Foram chamados colegas da área cirúrgica, às pressas. Perdemos três doentes, e outros ficaram entre a vida e a morte durante longo tempo. Miriam foi levada à sala cirúrgica, em estado catatônico. Os golpes de garfo e faca atingiram o ovário e seccionaram o útero, que precisou ser retirado. A partir desse episódio está sempre com alguém a vigiá-la.

Estupefata com o relato do médico, a jovem futura médica estava de boca aberta e perguntou:

— E os pais, o que o senhor me diz deles?

— Quer saber mesmo? É uma longa história, mas vou resumi-la em poucas frases: envelheceram precocemente, gastaram a maior parte dos bens em função da filha. A mãe apresentou um quadro neurótico permanente. Venderam o que restava e embrenharam-se pelo Brasil afora, sem deixar o endereço, carta ou coisa que o valha. Nunca mais apareceram aqui, então Miriam ficou sob nossos cuidados como indigente, e as medicações para mantê-la fora de crise, como são caras, sou eu que as compro de meu próprio bolso.

Aturdida emocionalmente, a garota limpa os olhos, de onde as lágrimas teimavam a surgir, e diz ao nobre ancião:

— Gostaria de fazer mais uma pergunta: o senhor tem religião?

Enquanto houver amor, haverá esperança   **143**

— Ah religião! Religião é o ópio do povo. Não, não tenho religião, mas também não sou ateu, a minha inteligência diz que há alguém acima de nós. Não fosse por essa crença, teria desistido de clinicar nessa área.

E, levantando, deu por encerrado o assunto:

— Adeus, futura doutora Erika, se precisar de mim, estarei à sua inteira disposição.

E fecha a porta de seu gabinete, mas não a de seu coração.

Capítulo 25

Doutor Celso

Erika sai do hospital psiquiátrico e vai direto para o centro espírita que ficava do lado da clínica. Aproveitaria que era dia de reunião pública e falaria com Celso, que era o dirigente da casa. Participou da reunião, tomou seu passe regular e esperou que seu amigo ficasse livre das inúmeras pessoas que o procuravam para os mais diferentes assuntos. Assim que teve oportunidade, foi logo lhe fazendo um pedido especial:

— Tio, queria que o senhor fizesse uma consulta aos mentores espirituais aqui na casa espírita sobre o caso da paciente Miriam Monte, que está internada já há muito tempo no hospital psiquiátrico.

— Ah, sim, o caso que você já havia mencionado faz algum tempo. É isso, não?!

Não precisou muito para que o velho trabalhador da seara espírita entendesse o pedido da menina, pois o intercâmbio espiritual atuava quase que instantaneamente, e se prontificou de imediato em fazer a consulta.

Na semana seguinte, no mesmo dia da reunião pública, lá estava ela na casa espírita, apreensiva para saber das novidades, e, não demorou muito, Celso, vendo-a entre os presentes, foi ao encontro da garota.

— Querida, consultei nossos mentores, e eles nos informaram que sua enferma é realmente um caso difícil e irreversível nessa encarnação. Seu caso é de expiação. Além de ter uma obsessão declarada, na linha da subjugação, ela traz nos meandros da personalidade, na matriz espiritual, desarranjos enormes pelos crimes que praticou e pela vida desregrada que teve no pretérito, em vários períodos, principalmente em dois deles, que foram os piores. Na Itália, na corte de Messalina e na França, no período monarquista, na nobreza, com Maria Antonieta, "rainha", esposa de Luís XVI. Apesar da prova áspera, por ser um espírito aprisionado em si mesmo, ela rebela-se com os resultados dos atos que infligiu à própria vida, como efeito das causas. Continuava voluntariosa e autoritária, entretanto amigos das esferas mais altas permanecem auxiliando-a e protegendo-a de si mesma. Contudo, querida, a evolução corre ao infinito, e, acredite, um dia ela também será feliz, quem sabe tirando lições preciosas dessa experiência que vive. Ninguém fica fora do amor e da misericórdia divina e ninguém está abandonado à própria sorte. Soube que benfeitores e familiares de vidas passadas intercedem por ela. Quando ela dorme, eles a levam para um núcleo de auxílio situado nas esferas próximas da colônia espiritual chamada Alvorada Nova, administrada por Cairbar Schutel,[6] que possui mais de duzentos núcleos ligados a ela espalhados pelo país. A nossa casa espírita é um deles, para onde são encaminhadas pessoas ligadas ao núcleo, principalmente quando solicitamos, como é o seu caso. Eu já havia pedido aos benfeitores sobre lhe dar assistência, pois você há bom tempo já havia me colocado a par da sua situação.

— Nossa instituição espírita — continuou ele depois de uma pequena pausa — tem ligação com a Colônia Alvorada Nova e nos tem como posto de serviço para dar assistência, contando com o nosso auxílio. Mas com uma condição — com a qual concordamos — sermos um núcleo disciplinado voltado à caridade e ao estudo da vida na visão espírita. Bem, acho que somos um centro orientado para o bem, pois atendemos a todos sem discriminação, com disciplina e caridade e educação das almas; socorremos tanto entidades desencarnadas sofredoras como encarnadas em busca de respostas para suas dores.

"Estou informando para que você fique a par do serviço da espiritualidade maior que se enriquece e se ilumina com tarefas ligadas à solidariedade. Provavelmente você mesma um dia virá para cá para, também, prestar serviço aos espíritos sofredores e infelizes. Já tens suporte para isso!"

Erika ouvia seu interlocutor devorando-lhes as palavras de esclarecimento.

— Nossa! Doutor Celso, com isso fico mais tranquila e creio de verdade no que acabou de me dizer. Bem, estou na minha hora, outro dia vamos conversar mais sobre colônias.

---

6. Essa revelação consta do livro *Conversando sobre mediunidade*, pelo espírito Cairbar Schutel (médium Abel Glaser). Ed Clarim 1993 Matão. S.Paulo — O Clarim, 1993, p.28. REVISADO

꧁

Depois de prestar exame e livrar-se da matéria do ano em curso, na área de Psiquiatria, Erika decidiu continuar por conta própria a acompanhar Miriam Monte.

A doente, quando a via chegando, reconhecia-a, batia palmas de contentamento. Erika descascava maçãs e picava para ela comer, pois Miriam não podia usar instrumentos de corte, usava somente as mãos como instrumento. À época, ela estava sem os dentes superiores, pois em uma de suas crises batera com a boca na cela em que fora colocada e os quebrou. Foi preciso colocá-la em camisa de força para seu próprio benefício e contratar um dentista para retirar o resto dos dentes que ficaram a infeccionar a gengiva.

Enquanto a paciente se alimentava, Erika orava em silêncio, suplicando ajuda àquele ser fracassado nas suas recentes experiências no corpo. Perceptivamente sentia que a resposta à oração vinha em forma de energias cariciosas que caíam em flocos balsâmicos sobre a mulher dementada, possibilitando um pouco de serenidade e refrigério para a sua alma atormentada.

A jovem voltava desses encontros com a alma sossegada, como se tivesse cumprido um dever.

"Ah, Miriam Monte, Miriam Monte, de onde a conheço? Algo me diz, no fundo da minha alma, que nós já nos conhecemos de algum lugar, em algum tempo, e sinto por você um carinho que ultrapassa o nosso relacionamento atual".

Certa feita, Viviane, achando demais o interesse da filha pelo hospital psiquiátrico, a interrogou:

— Querida, será que já mudou de opinião? Já não quer mais a área de ossos? Qual a especialização que vai escolher? Sinto que está dividida entre a clínica para deficientes e a Psiquiatria. Então?

— O que está decidido, decidido fica, mamãe, meu compromisso é com os portadores de deficiências físicas, sinto intimamente isso. Entretanto, na clínica psiquiátrica, tenho uma velha amiga que não posso relegar ao abandono. Ela confia em mim. Quando chego, ela põe sol de esperança na alma; logo, não posso decepcioná-la. Depois que nos conhecemos, o único vínculo que ela tem no universo social é a minha figura. Diz doutor Frederico que Miriam Monte teve dois períodos no hospital, que ele divide assim, brincando: Antes de mim e depois de mim.

— Credo filha, não estará se superestimando? Se não vai optar por esta clínica, não será de bom-tom afastar-se dela?

— Mamãe, eu não posso, simplesmente não posso. Concluo o sexto ano e faço residência na Traumatologia, contudo, não abandono Miriam. Quem a viu antes e a vê agora, nota que nos seus olhos há uma nova luz de esperança. As crises de pavor e pânico estão amenizadas. Por favor, não me peça para abandoná-la, não me exija nada. A senhora sabe que é de minha índole, quando assumo algo vou até o fim, e também seria muita falta de caridade abandoná-la agora!

— Querida, você sabe que eu jamais a forçaria a nada, também não é de minha têmpera. O que você decidir está resolvido, e fico tão feliz em ter uma filha tão iluminada!

As duas se abraçam, e Viviane disfarça para não mostrar duas lágrimas escorrendo pela face, e dão por encerrado o assunto.

Capítulo 26

O desabafo de Maurício

Após o último encontro, Erika tornou-se muito amiga de Maurício e conviviam muito amiúde na clínica. O amor florescia entre eles, mas o rapaz não perdia a mania de se autopunir, diminuindo-se, revoltado contra a situação que o colocara paraplégico e, num desses dias, ele desabafa para a garota, declarando-se mais uma vez:

— Se você soubesse o quanto é difícil estar ao seu lado sem poder tocá-la, sem sentir o calor de seu corpo. A fragrância que exala da sua pele acaba sempre me enlouquecendo. Ah! Erika, Erika! Minha salvadora, eu sou o seu prisioneiro, você é o ar que eu respiro. Sem a sua presença e sem as corridas que eu mais amo na vida, nada tem valor para mim. Morri no acidente; afinal, a vida para mim representava o meu carro de corrida. Sou rico, sim, sou muito rico, mas vivo dentro de uma pobreza doentia. Hoje sei o que é o nada, o não ter nada. De que valem os meus carros de luxo, o meu predileto, a minha *pick-up*, se eu não posso pilotá-los? Assim, minha querida, sou um pobre menino rico por fora e miserável por dentro. Qual a validade de ter uma mansão em um bairro nobre, ser vizinho de celebridades, possuir o que os outros chamam de privilégio e que muitos nem sonham que existe, se tudo isso não me devolve minhas pernas, o direito de escolher aonde ir, o que fazer, com quem andar? A mansão de meus pais, com tantas suítes, sala de estar, *living*, *hall*, numa área gigantesca — de que vale tudo isso, se sou um farrapo humano? Tenho a minha intimidade invadida a toda hora, para as mínimas necessidades. Sou um ser, para sobreviver, acoplado em outro "até que a morte nos separe". Erika, eu sou como uma hera existindo às expensas dos outros.

A jovem médica olha bem para Maurício e, de fisionomia muito séria e contrariada, fala:

— Você está novamente se diminuindo, com autopiedade, autoflagelando-se. Até quando vai ter pena de si mesmo, sem fazer nada para mudar o seu quadro mental? Você já reparou que continua um menino mimado, de quem tiraram o doce da boca? Maurício, ponha na sua cabeça: a mente é tudo, ouviu? Tudo. Sem ela, sim, não somos nada, praticamente não existimos para a objetividade. Já pensou se tivesse traumatizado o crânio e ficasse prisioneiro até que a morte o livrasse da prisão?

— Ainda bem que você usou o condicional, "se". Vou dizer uma coisa, eu até preferiria. Estaria inconsciente, não sofreria. Quem sabe receberia de misericórdia uma suave eutanásia.

— Você quer dizer assassinato, não é? Só que regulamentado com todos os direitos que o enfermo merece. Nossa, mas é desagradável esse assunto. Já nos conhecemos há um bom tempo, e você não muda o "papo", sempre a mesma querela: "eu, o pobrezinho, eu, o miserável, eu, o injustiçado, por que eu, logo eu". Escute, menino mimado, sabia que somatizamos doenças?

— Somatizamos? Não foi o psíquico que ficou paraplégico, foram as minhas pernas, lembra? E o físico não somatiza o psíquico. Começou de baixo para cima, a paraplegia, quer que bata palma pelo acontecido? Bravo, Maurício! — E batia palmas —, você tem um futuro promissor, amado e invejado, resolveu dar uma virada na vida e experimentar o que é ser um aleijado.

E desabafa, com os olhos marejados de lágrimas:

— Aleijado — completa —, que até para urinar tem necessidade de ajuda. Ah, doutora, não me faça rir que eu acabo chorando de tanto gargalhar. Ah, ah, ah, ah, ah...

Erika, assustada com o comportamento dele, interrompe-o:

— Isolar-se não vai resolver o seu caso. Fugir, muito menos. Atualmente não vê ninguém além de mim, até com os seus pais retraiu-se. Maurício, ninguém tem culpa do seu acidente, nem mesmo você. Simplesmente aconteceu. Acredito que deve ser saldo do passado. E contas, meu caro, devem ser saldadas, faz parte do contexto universal. Compramos algo, temos de pagar. Nada vem de graça para nós, a não ser o ar e a luz do Sol.

Maurício, revoltado, responde com agressividade:

— Não me venha com esse papo fajuto de resgate de vidas passadas, isso não cola comigo. Se estivesse presa a uma cadeira de rodas, não teria essa atitude de professorinha interiorana dando lição de moral. Sabe, eu e minha cadeira somos inseparáveis — ironizou —, não podemos nos separar, nossa amizade é para sempre. Os casais podem se divorciar quando não há mais amor; entretanto, eu e minha cadeira, jamais. Um completa o outro, nossa intimidade não permite invasão alheia, pois não consentimos.

Agastada com tudo aquilo, a menina ajeita as margaridas no vaso de porcelana no apartamento que Maurício ocupava na clínica. Enche os olhos de lágrimas, respira fundo, move os cabelos encaracolados e diz, numa evasiva:

— Bem, tenho de ir, retornarei outro dia.

Maurício, irônico e desesperado, pois tinha ânsia de abraçá-la, beijá-la e dizer o quanto precisava dela, morde os lábios, que teimavam em tremer, e fala, áspero:

— Vá, vá, samaritana, continue o seu giro habitual. Console, afague, incentive os pobres coitados que, como eu, são aleijados, ouviu: aleijados, apesar de tudo. Sabe, acho que vou telefonar para Lou, lembra? A minha antiga namorada que eu dispensei, ah ela sim sabia cuidar de mim. E terminei com ela por sua causa doutorazinha, mas me dei mal. Vá cuidar dos outros, Samaritanaaaaaa! — dizia pronunciando a última letra com raiva e exasperação.

Erika sai porta afora sem responder, aturdida com a revolta do homem que escolhera para amar, não conseguindo superar a crise emocional em que vivia.

Quando ela ganhou a escadaria que dava para o outro compartimento, ouviu o estrondo com que ele fechou a porta, como se quisesse esmurrá-la, destruí-la.

Era sábado à tarde, e Erika continuou fazendo a sua parte na clínica, como voluntária. Assistiu, examinou, deu opinião, incentivou os deficientes físicos e, no final daquele dia estafante, fez um lanche frugal junto com as enfermeiras, reunindo-se mais tarde, como sempre, com seu coral de vozes de crianças e adultos.

O Natal estava próximo, e eles queriam apresentar um conjunto harmonioso, na festa.

Carmencita, a menina de sotaque espanhol, vítima da talidomida, era muito apegada à Erika. Contava as horas para se reunir no salão, para os ensaios dos sábados.

A jovem a afagava com carinho e dizia com convicção:

— Carmencita, não existe vitória sem esforço. Você está aqui para se suplantar, se for esperta, e eu sei que é, mesmo com a deficiência poderá vencer na vida e concretizar seu sonho de menina e como pessoa. Deus nos coloca no mundo para sermos vencedores, e não vencidos. Os obstáculos são para nos aprimorarmos, superando-os.

A menina, de olhos negros como as noites sem estrelas, mirando a figura graciosa de Erika, responde com certa madureza:

— Eu sei, tia, eu sei, por isso não me revolto, a deficiência não vai me vencer, eu é que vou vencê-la.

— Isso, garota, isso! Tia Erika está aqui para ver a sua vitória.

Capítulo 27

O ensaio

Começam os ensaios, e a pequena Erika regia as vozes, em seguida tomava do violão, fazia o fundo melodioso, enquanto o grupo cantava refazendo por várias vezes o ensaio. Estavam revendo o repertório, e parecia que ia tudo bem, todos se esforçavam para que a apresentação saísse a contento. Pela primeira vez, iriam fazer uma festa grande, às vésperas do Natal, com programação festiva, com direito a troca de presentes de "amigo secreto".

A jovem maestrina se esforçava, sua alma sensível conduzia as vozes até o tom máximo, com harmonia e beleza.

Carmencita fazia o solo, emitia a voz harmoniosa em uma linda melodia que saudava a Jesus. Todos estavam com olhos banhados em lágrimas, o último ensaio daquele sábado tinha sido um sucesso.

Conseguiram alcançar, no conjunto, emoção, técnica e harmonia, agradando aos ouvidos da própria Erika, educados para ter noção de boa música, afinados para entender harmonia num diapasão aprimorado.

Eram quase dezenove horas quando saiu da clínica, estava precisando de um banho, pois trabalhara muito, e estava muito cansada. Retirou o jaleco que usava na clínica, guardou o violão em sua capa de couro colocando-o às costas, pronta para ganhar o pátio e pegar a moto para retornar ao lar.

Em uma rápida olhada pela janela, viu a velha ambulância com as quatro portas abertas e alguém dentro dela. De longe, não conseguia divisar quem era. Ao se aproximar reconheceu Maurício, que a esperava com um sorriso cordial.

— Oi, doutora. Estava esperando, para terminarmos nosso papo, interrompido pela sua inesperada saída.

Erika não gostou do tom dele, era mais irônico do que convidativo, mas... enfim, olhou-o e disse:

— Não tenho mais tempo disponível, hoje realmente estou pregada, preciso voltar, meus pais me aguardam para a ceia da noite.

— Bravo — respondeu o rapaz batendo palmas. — Então a nobre doutorazinha tem família? Melhor! Quero conhecer esse tesouro bem guardado, afinal não é à toa que tenha família, quem sabe tradicional, bem constituída. Venha, suba, darei um jeito de mandar suas quatrocentas cilindradas chegar em condições em casa.

Foi subindo na garota uma energia de quase raiva que explodiu em forma de desabafo.

— Paáara, para Maurício, já me encheu a paciência. Basta, chega! Eu não vou entrar aí e não vou levar problemas para casa.

— Ah! Hum!? Agora sou problema. Contudo, não foi isso que me disse quando me visitou. Bem, problema realmente sou. Pois sou um aleijado, paraplégico, um deficiente, a doutorazinha não vai ter compaixão de mim? Oh! Mas que falta de profissionalismo.

Emotiva e sensível, a jovem não aguenta e, com abundantes lágrimas, questiona:

— Afinal de contas, o que é que quer de mim? Só me enxerga para me ofender, ferir, magoar. Eu não sou seu saco de pancadas. Chega, deu por hoje! Quem sabe, mais calmo, de outra vez possamos colocar em dia nossas diferenças.

E vai em direção da moto.

— Espere, espere, ainda não terminamos. Erika, desculpe-me, reconheço que exagerei. Queria só falar com você. — E colocando as mãos na cabeça, diz, em desespero: — Ah, meu Deus! Estraguei tudo de novo.

Enquanto isso, ela dá partida em sua moto. Maurício fica silencioso, o peito arfa de ansiedade, e seus olhos enchem-se de lágrimas. Pedro, aparvalhado com aquela discussão cheia de ironia e amargura, presenciava tudo, em silêncio, aguardando que eles se entendessem.

Como não houve acordo entre ambos, perguntou ao paraplégico se ele queria voltar ao quarto ou dar uma volta para espairecer, ao que Maurício anuiu:

— Estou sufocado, se voltar para o quarto não vou aguentar a solidão e o remorso. Estraguei tudo outra vez, não tenho jeito. Não sei por que essa garota tem o poder de me irritar; entretanto, eu gosto dela. Há nela meiguice e sinceridade, e eu a trato aos pontapés. Eu sou uma anta, tenho de cair de quatro e pastar.

— Não exagere, seu Maurício, é que o senhor está nervoso e solitário, talvez seja por isso que a maltrate.

— Não é nada disso — murmura ele —, acho que estou no meu limite. Pressinto que vou enlouquecer. — E, com fúria, batia nos braços da cadeira, sem controle.

— Seu Maurício, diz o motorista, volte à razão, pare, está se machucando, olhe suas mãos.

Foi quando Maurício voltou a si. Olha para o condutor e lhe diz, quase insano.

— Vamos, tire-me daqui antes que me atire rampa abaixo.

Pedro, pressuroso como sempre, assentiu ao comando dele, retirando-o logo do veículo, meneando a cabeça, desacorçoado.

Ao adentrarem o saguão, deparam com um dos internos sentado em sua cadeira de rodas e cantando, baixinho, uma música bem conhecida.

— Pedro, volte, vamos à casa dela, preciso pedir desculpas, senão hoje não durmo. E esperar... — parodiava a música que acabara de ouvir — não faz a hora, é preciso acontecer...

— Ah, seu Maurício! É tarde. Não será intromissão chegarmos lá, depois da bronca que o senhor deu nela?

— Pedro, nunca é tarde para arrependimento. Vamos, tenho esperança. Como é que estou, está tudo em ordem? — E olhava para ver se estava tudo nos seus devidos lugares.

— Claro! Levou tanto tempo lá em cima para se arrumar e ainda pergunta?

— E os meus cabelos?

— Ora, ora, seu Maurício, por acaso eu sou cabeleireiro? Eu acho que está tudo bem.

Depois de acomodado no veículo novamente, zarpam para a casa de Erika. Deslizavam pelas avenidas arborizadas. Era verão sorrindo em flores pelos morros inundados ainda pela luz do entardecer.

Maurício de vez em quando disparava palavras de nervosismo.

— Pedro, não dá para correr mais? Vamos, pise no acelerador. Esta carroça velha está me dando nos nervos.

E quase aos gritos:

— Será que ela não tem namorado? Afinal, nunca encorajei a não ser um pequeno flerte. Ah, meu Deus, se ela tiver, como é que vai ser?

— Não se precipite, seu Maurício. Não tire conclusões apressadas. Espere. Tenha um pouco de paciência. Estamos quase chegando, mais um pouco e estaremos lá.

Erika, dona de uma luz própria, não só cativava pela beleza como também pela simpatia que irradiava de todo o seu ser. A imagem da moça de aparência frágil, mas de caráter determinado, contrastava, alterando docilidade com atitudes firmes e obstinadas. Equivocava o que, pela aparência, afirmasse do seu caráter.

A velha ambulância continuava a deslizar pelo asfalto, quando o condutor avista a casa da família da moça, de aparência sóbria. A residência era de dois pavimentos. Embaixo, uma garagem para dois carros, ladeada por duas janelas largas; no centro, uma porta de duas folhas, de carvalho, talhada com desenhos em alto-relevo; no andar de cima, duas sacadas de madeira, onde se divisavam floreiras a se derramar em gerânios, cravinas e amores-perfeitos.

Quando o carro estaciona no fio da calçada, Maurício se acovarda. O peito arfa, as mãos suam, e ele silencia. Aí lembra-se de que não havia trazido nada para presenteá-la. Como chegar de mãos vazias?

— Dá volta, Pedro, preciso me equipar, não trouxe nada para justificar a minha chegada.

"Ah!", pensa o motorista, "mais esta, este cara não sabe o que quer. Não é de graça que é filho de gente rica. Sempre indeciso em suas atitudes". — Tira o boné, coça a cabeça e interroga:

— Para onde vamos agora?

— Para onde tenha flores.

— Flores? Mas o senhor não vai a um velório nem a um cemitério. Para quê, então?

— Pedro, cabeça não é só para usar chapéu, é também para pensar, será que usamos flores só para homenagear mortos?

— Bem, pensei... ah o senhor me põe confuso. Ora uma coisa, depois outra, fico com o pensamento embaralhado.

— *Tá* bem, vamos em busca de flores, seja lá onde for.

Pedro dá meia-volta no meio da quadra e sai à procura de uma floricultura que ainda estivesse aberta.

Acha uma, estaciona e avisa.

— Estamos aqui, o que mais quer?

— Desça e me compre onze botões de rosas vermelhas, e que sejam bem ornamentadas, preciso impressionar Erika, para que ela me receba.

Pedro, meio que a contragosto, entra na floricultura fazendo o pedido, e a florista prepara um magistral arranjo, surpreendendo o motorista na sua rusticidade.

— Poxa! Ficou bonito mesmo!

E, mostrando para Maurício o arranjo, diz:

— Dessa vez, se não convencer pelas palavras, as flores falarão pelo senhor.

Capítulo 28

Na casa de Erika

Maurício ficou satisfeito, abraçou o presente com a alma ensolarada de esperança.

— Agora sim, estou equipado, toca para a casa dela.

Lá chegando, o crepúsculo já dera lugar à noite, com o seu séquito de estrelas balançando no céu, onde a Lua cheia completava o quadro ímpar de beleza e encantamento.

Dentro da casa, a família se preparava para a reunião semanal do Evangelho no Lar, colocando uma bela toalha à mesa, uma jarra com água e o que seria normal, quatro copos, mas Erika, sem perceber, havia colocado seis copos. Quando ia retirar dois para guardar, ouviu um barulho na rua, aproximou-se da janela e viu a velha ambulância da clínica estacionada na frente e o senhor Pedro abrindo a porta lateral e descendo a rampa. Para sua surpresa, viu Maurício descendo sozinho com sua cadeira e um lindo buquê de flores no colo.

Sem perceber, Alex, Viviane e Bentinha estavam atrás dela também observando a cena. Resolveram sair todos para recepcionar o rapaz.

Maurício fazia questão de descer do veículo abraçado ao ramalhete de flores. O motorista empurrou a cadeira até a entrada do portão.

Do lado do paraplégico, de boné nas mãos, estava o motorista da instituição, entretanto, ambos estavam empertigados.

Quando olharam para cima, viram a família toda mais a empregada juntinhos só observando.

Maurício, encabulado, fala:

— Será que não vamos incomodar? Já é noite, deve estar na hora da ceia.

Erika se adiantou, com um leve deboche na forma de falar, mais para brincar com o rapaz.

— A hora da ceia já foi, estávamos nos preparando para daqui a poucos minutos iniciarmos nossa reunião semanal do Evangelho no Lar. Convido você e o senhor Pedro, que, tenho certeza, também faz o Evangelho na casa dele.

— No que consiste esse "Evangelho no Lar"? Se é que posso saber — pergunta Maurício.

— Não há tempo para explicação, fica mais fácil você participar e, depois, se for do seu interesse, posso dar mais detalhes.

Os dois visitantes entram com hesitação e constrangimento sendo encaminhados para a sala de jantar onde seria feita a reunião.

— Mamãe — falou Erika —, como o rapaz não tem muita paciência em esperar as coisas acontecerem naturalmente, ei-lo aqui. Senhor Maurício — e apontando os membros da família e a empregada, foi apresentando-os ao rapaz: — Este é meu pai Alex, minha mãe Viviane e a nossa querida companheira Bentinha.

Todos cumprimentaram o rapaz dando-lhe a mão. Viviane, quando deu a mão ao rapaz, sentiu um forte calafrio na espinha, disfarçou e se afastou, pois alguma coisa naquela pessoa a incomodava muito. Maurício continuava um tanto quanto constrangido e, de supetão e aparvalhado, pegou o buquê de rosas e entregou para Erika. Tomada pelo carinho, ela abraçou o buquê, agradeceu, deu uma cheirada nas rosas e colocou-as em um vaso que estava próximo.

— Bom, então podemos começar a reunião — disse a jovem suspirando.

Alex tomando a cabeceira da mesa, Viviane de um lado, Erika do outro com Bentinha ao seu lado. Maurício aproximou a sua cadeira da mesa, e Pedro se acomodou na outra ponta da mesa.

Como não havia tempo para dar explicações ao visitante inesperado, Alex deu por iniciada a reunião com uma prece sentida. Ao terminar, Viviane leu uma página de um livro de mensagens relativa à paciência de esperar. Terminada a leitura, Erika tomou nas mãos *O Evangelho Segundo o Espiritismo*, abrindo-o aleatoriamente, e leu pausadamente a passagem "Causas atuais das aflições". Terminada a leitura, suspirou fundo, a lição havia mexido com seu íntimo, e como o silêncio se prolongava, Alex pergunta se dirigindo a ela:

— Quer falar alguma coisa sobre a lição, querida?

— Sim, pai, a lição é autoexplicativa, não tem muito que ficar interpretando. O grande problema é as pessoas não terem conhecimento disso. Vivem às cegas, cada uma em seu mundinho. Quando aprenderem que a vida é muito mais do que comer, dormir, trabalhar e correr atrás do dinheiro, muitas coisas melhorarão. É isso que penso.

— Perfeito, querida, então vamos fazer as vibrações e a prece de encerramento.

Terminada a reunião, cada um toma um pouco da água que estava na jarra, e Erika convida Maurício para irem à varanda. Os demais continuam na sala em uma conversa bem animada, pois Pedro começou a contar suas peripécias com a velha ambulância, que, apesar de estar em mau estado, nunca o havia deixado na mão, como se houvesse um batalhão de "anjos" sempre o acompanhando.

Em razão do encontro inesperado e por conta disso, a garota continuava constrangida, e, para quebrar o silêncio, Maurício pergunta:

— Gostou das flores que lhe trouxe? Espero que elas peçam desculpas por mim.

E Erika, jocosa:

— O perigo é muito menor quando se sabe onde ele está, e você é o meu perigo.

— Sou tão mau assim? — pergunta Maurício.

De olhos incendiados que se tornam negríssimos e de grande intensidade, falando da paixão de que estava possuído por ela. O peito arfa e os olhos cintilam, aproxima-se dela e a faz abaixar-se, depositando nos seus lábios um apaixonado beijo, fundindo-se na sedução do amor, onde a alma de ambos navegava. Há entre eles ousadia e delicadeza numa dosagem equilibrada.

Começava ali o jogo da sedução, em que a intuição fazia o meio de campo. Enquanto Erika queda, possuída de sensações que lhe tiram o fôlego, Maurício sussurra entre seus cabelos:

— Querida, agora eu sei com certeza, não posso viver sem você, amo-a, amo-a, mas também nada ouso lhe pedir; afinal, a vida é uma aventura, nunca se sabe o que vai acontecer nos próximos minutos, e eu... não tenho esse direito, ele me foi roubado sem pedirem licença.

Erika coloca uma das mãos delicadamente sobre os lábios dele:

— Psiu, não estrague este momento, se sonhar é bom, aproveitemos os sonhos antes que eles se desvaneçam — e torna a beijá-lo, agora com mais intensidade, sendo por ele correspondida com todo o ardor.

Agora era ela sussurrando entre seus cabelos ondulados:

— Maurício, Maurício, você é uma doença, não consigo me apartar de você, sinto-me irresistivelmente atraída, apesar dos maus-tratos. Quando o vejo sinto um aturdimento e não consigo passar sem vê-lo. É como se a química de meu corpo precisasse da sua para sobreviver. Isso em mim foge ao habitual. Há entre nós, e isso eu pressinto, algo mal resolvido e que inconscientemente sabemos. Quando você se dá conta disso, põe-se a me magoar, como a me cobrar o que não sabemos no hoje. É o destino nos aproximando para refazer nossos caminhos, reparar atitudes, resolver nossas diferenças.

Maurício, um pouco amuado, argumenta:

— Pois eu não concordo. Não tem nada a ver com esse ontem que desconheço. Gosto de você, simplesmente. Entretanto, não posso sacrificá-la a viver com um aleijado por toda a vida. De que adianta nascer em família próspera e ser infeliz? Serei sempre um deficiente discriminado e digno de comiseração, diacho! Sinto-me injustiçado. Deveria ter nascido defeituoso, pois assim não saberia o que é desfrutar do normal e sentir o gostinho da liberdade, da fama, da bajulação. Soltar a imaginação nas asas da liberdade... ir sem ter pressa de voltar, devassando a loucura, desafiando a velocidade. Por que Deus me deu tudo para depois tirar? Por quê? Isso é justiça? Ah, faça-me o favor! Para vencer a saudade das corridas e dos dias felizes me concentro em magoar, ferir, e isso me alivia. É uma forma de vingar o que a vida me tirou. Ela me magoa, e eu magoo as pessoas, hahahaha! E Erika, desacorçoada, exclama:

— Ah, Maurício! Não sei trabalhar o seu azedume, fico passada de mãos amarradas, o seu magnetismo de dor e inconformismo é maior que o otimismo que detenho na vida. Gostaria tanto que você entendesse as lições que acabamos de estudar, mas parece que as palavras entram por um ouvido e saem pelo outro! Sofri desde tenra idade o golpe do atropelamento, fiz inúmeras cirurgias, usei colete inteiriço por vários anos, vivi momentos de intensa dor e sofrimento, às vezes sem perspectiva de ficar sadia, mas nem por isso usei as pessoas para me aliviar ou me vingar. E, como você, sou filha única, bajulada e amada por todos; logo, estamos no mesmo patamar. Por que então cuspir amargo, ácido e corrosivo?

— Ora, você fala assim porque venceu. Pode pegar as suas pernas e correr pelo mundo, toda faceira, a pé ou de moto, e, ademais, mulher é diferente de homem. Enquanto você saiu de um estado mórbido para o sadio, eu, ao contrário, saí de um sadio para um doente. Eu tinha projetos e um futuro promissor, tudo estava planejado. Todos diziam que eu nascera para vencer, para ser o dono do mundo, invejado, amado e adulado. E agora, olhe para o que me tornei, um amargo aleijado, odiento, uma caricatura do que fui. Acaso já notou que as minhas pernas estão secando, perdendo a musculatura, tornando-se flácidas e amorfas?

— Não entendo, ora você mergulha na fisioterapia, ora se rebela contra ela. Para mim, meu caro Maurício, você continua mimado, voluntarioso, cheio de vontade, defeito da educação elitizada que lhe deram.

— Hum, a doutorazinha já está levantando a crista, assumindo o diploma que ainda nem possui. Bravo, bravíssimo — batia palmas —, você diz tudo isso porque venceu, mas eu sou um vencido, e isso eu não perdoo a ninguém, ouviu, a ninguém.

Erika observou que ele estava prestes a ter uma crise intempestiva de ódio, fúria e descontentamento, que, como de outras vezes, o deixaria à deriva, tomado pelas emoções que não sabia controlar depois que o dique emocional se escancarava.

Para amainar a tempestade que rugia, Erika abraça-o com toda a força que possuía e tenta acalmá-lo, quando ele, num frenesi, busca-lhe a boca com sofreguidão e a beija longa e profundamente, navegando naquele mar de sensações e emoções, até a borrasca cessar. Assim ficam por algum tempo, com os dois corações se comunicando, ultrapassando o irreversível, o que não podiam mudar, enquanto lágrimas copiosas descem por suas faces joviais.

— Ah, meu Deus! Não consigo me conter, não quero magoá-la, faço mil propósitos, mas não sei, você agita o que eu quero esconder, mostra o que não consigo vencer e sem querer você me acerta. É como se me enfiasse um punhal agudo e, como sou humano, de carne e osso, grito, luto, me rebelo. Muitas vezes tenho a impressão de que estou numa guerra, e me ponho na defensiva, sinto que é preciso ferir para ganhá-la. Erika, Erika, às vezes não sei se a amo ou se a odeio. Do seu lado fico pequeno, mas quero ser grande e me acovardo. E você, sem cerimônia, coloca o dedo na ferida, até fazê-la sangrar.

Erika, perplexa e sob forte emoção, responde com outra pergunta:

— Eu faço tudo isso? Mas como? Eu apenas sou sincera, leal, transparente. Não posso fazer o seu jogo de esconde--esconde, é para isso que estou estudando, para ver onde os outros não veem. Não posso tratá-lo como enjeitado, como um pobrezinho, porque sei que você não o é, e, no fundo, não quer sê-lo. Os problemas existem, e sempre repetirei, para serem solucionados, resolvidos, superados, e não para nos derrubar, ou nos arrasar.

Enquanto a conversa seguia na varanda em que os dois namorados conversavam, Pedro não parava de consultar o relógio. Já passava das dez horas, e nada de Maurício se manifestar em ir embora. Alex, entendendo a apreensão do motorista, pois provavelmente ele teria outras obrigações além de "pajear" o rapaz, vai até a porta:

— Erika, filha, o motorista que veio com o seu amigo está perguntando por ele e precisa ir embora.

Maurício, encabulado, olha o relógio e toma um susto:

— Mas como o tempo passou! Me excedi, mas que falta de tato, a minha! Erika, é tarde, tenho de partir, vamos, leve--me embora, Pedro!

Erika, com os cabelos em desalinho de tanto ser afagada por Maurício, passa a mão neles, constrangida perante a mãe, que discretamente a observava de braços cruzados, e também se surpreende com a hora. Sem reclamar ou fazer algum comentário, olha Maurício, sorri e leva-o até a condução.

Enquanto houver amor, haverá esperança **171**

— Oi, seu Maurício, perdeu a hora? — pergunta Pedro.
— Quero ver o que vamos dizer quando chegarmos à clínica, vão dizer que caímos na noite!

— Direi apenas que estava me consultando com minha médica predileta, que, por sinal, atendeu-me muito bem.

Maurício, agarrado à mão de Erika, sentia dificuldade em se separar dela. Puxou-a mais uma vez para perto de si e, sem se importar com o motorista, e com a família, que os observava, beijou-a novamente com paixão e intensidade, lamentando ter de deixá-la.

— Quando nos veremos novamente? Você só vai à clínica no final de semana... — E com olhar súplice argumenta: — Preciso de você mais do que imagina, conto as horas para vê-la. A vida é triste, não tem motivação sem a sua presença.

Seus olhos enchem-se de lágrimas, acha-se impotente para exigir mais. Abaixa a cabeça, silencia e faz sinal para que o motorista o carregue para dentro da ambulância.

Erika, ainda sob forte emoção, olha-o com ternura e beija-lhe os fartos cabelos, deixando-o adentrar o carro:

— Tentarei aparecer mais amiúde, assim que puder irei visitá-lo. Cuide-se. Procure fazer os exercícios da fisioterapia.

Enquanto Pedro manobrava, ela na calçada, ele na vidraça do carro, se acenavam, sem conseguirem desviar os olhos, como que atraídos por um ímã. Com a face úmida de lágrimas, ela ali fica até a ambulância dobrar a esquina. Retorna para a intimidade do lar com o rosto afogueado pelas emoções daquele encontro, e encontra a mãe à sua espera.

— Querida, senti que tinha necessidade desse encontro com o rapaz. Vá à copa e termine de comer, Bentinha está esperando, sabe como ela é em relação ao seu alimento, acha-a sempre magra e mal alimentada.

Erika se esforçava para prestar atenção no que a mãe falava, mas sua mente estava centrada no que conversara com seu eleito.

— Mamãe, fiz um lanche reforçado na clínica, estou praticamente sem fome.

— Não senhora, vai se alimentar sim. Pelo menos tome um leite e coma um sanduíche. Bem, se não se importa, vou subir para tomar um banho para refrescar-me, este verão está demais. Estive me envolvendo com o jardim, remexendo as plantas, transplantando para aproveitar a lua nova, acabei ficando suarenta, apesar do banho do entardecer. Quanto ao seu encontro, amanhã falaremos. Tenho curiosidade em relação a esse moço, apesar de você saber que não faço gosto. Além de ser deficiente, é mal-educado, e, para mim, você está equivocada, confundindo piedade com amor. Sinceramente, espero estar errada em meu julgamento.

— Mamãe... Ah, deixe pra lá, não temos clima para conversar. Vou à copa, antes que Bentinha venha me buscar. Boa noite, mamãe, eu a amo muito.

— Boa noite, querida. Amanhã conversamos.

Depois do lanche, no seu quarto, Erika revê todas as matérias para a semana, afinal estava às vésperas de novas verificações.

Nos últimos tempos, nos domingos, não ia mais à clínica, pois tirara esse dia para seus cuidados pessoais, e ainda revisar as aulas da universidade. À noite, esticava com amigos, fazendo roda de "blues", "jazz", baladas, pois sua mãe, vigilante, não permitia que ela se enfurnasse permanentemente nas tarefas filantrópicas, estimulando-a ao lazer.

A clínica ela encarava com profissionalismo, apesar de ser voluntária. Não era à toa que Maurício a chamava de samaritana, afinal, abria mão de si para dedicar-se aos menos favorecidos. Era da sua índole colocar o próximo em primeiro lugar.

Final de século, virada do milênio, onde os valores, quando existem, estão invertidos, isto é, de cabeça para baixo, dificultando às gerações um entendimento maior do que são e sempre serão os verdadeiros valores, que não mudam de vestimenta, são eternos e não envelhecem. Se foram universais em épocas recuadas, sê-lo-ão no tempo presente, não passam por modismos, valem para sempre.

O mundo moderno investe profundamente em tecnologia de toda ordem; entretanto, continua empobrecido de valores eternos. Na atualidade deste século, os amores são terrivelmente intensos; entretanto, na grande maioria, fugazes, fadados a morrer por sua brevidade. A volúpia é o ingrediente superficial. Não tendo o fogo do amor para mantê-los, os encontros tornam-se ocasionais e terminam num fechar de olhos.

A humanidade, no pós-moderno, investe mais na aparência, na sensação, na química do que no encontro de almas para concluir programas planejados no plano espiritual, e a paixão navega no oceano de sensualidade, contemporâneo na matéria e extemporâneo no espírito, o que não é o caso de Erika e Maurício.

Muitos não creem no amanhã, e, no entanto, o amanhã é vital, é um novo tempo. O homem caminhará ultrapassando o umbral da matéria transitória nesta viagem pelo orbe terrestre. O ser voltará inúmeras vezes, refazendo caminhos e experienciando novas conquistas. Isso não significa que se deva viver de aparência, abrindo mão do próprio progresso que facilita a evolução. O ser deve, sim, se aproveitar de tudo o que lhe é devido; entretanto, sem se apaixonar doentiamente pelo que é efêmero em detrimento do que é perene. Aprender é a tônica de todos, diminuindo desacertos, aumentando créditos no círculo dos amigos, subtraindo os adversários, enfim, amando indiscriminadamente, quem sabe deixando o homem psicológico ultrapassar o homem fisiológico.

Capítulo 29

Tarefas da universidade

Depois daquele encontro desajeitado em sua casa, já no final do quarto ano de Medicina, nossa menina via-se envolvida com provas e prática em hospitais, apesar de sentir a falta de Maurício, tinha muito poucas folgas para ir à clínica. Atendia suas tarefas tendo apenas encontros fortuitos com ele, que, para variar, estava sempre mal-humorado. Voltava para casa sempre exausta, mal tomava banho, ingeria qualquer coisa e dirigia-se para o quarto e lá repassava tudo o que dizia respeito à Medicina e ia dormir.

Tendo aulas na universidade de manhã e de tarde, com pesquisas na biblioteca pública, ainda conseguia espaço em clínicas para observar a cirurgia na área da Traumatologia, mergulhando nessa opção. Aprendia a trabalhar com gesso, observava com interesse a colocação de placas e parafusos de metal em coxas, pernas e braços, apaixonando-se pela área em que iria se especializar. Fez um estudo apurado sobre a osteoporose e a importância da manutenção dos hormônios para manter o esqueleto em forma, na menopausa. Aprofundou-se no estudo da calcificação óssea, tanto na infância quanto nas demais idades. Estudou o raquitismo com muito interesse, nos hospitais públicos.

E todos os dias era a mesma ladainha em casa, por causa da velha Bentinha:

— Erika, precisa se alimentar mais. Erika, está emagrecendo a olhos vistos. Erika... fizemos o seu prato preferido...

Ela não aguentava mais aquele assédio, estava com vinte e um anos e ainda era tratada como um bebezinho.

Para não magoar seus pais e Bentinha, esforçava-se para empurrar a comida, cujo sabor não sentia por falta de apetite, talvez pela ansiedade de dar conta de tudo a que se propunha.

Nesse ínterim, Miriam Monte regredira por sentir a sua falta, estava enferma e não queria se alimentar. Fechava a boca, cruzava os braços e não havia quem conseguisse fazê-la ingerir os alimentos. Com isso, teve de tomar soro por muitos dias. Declinava, arredia, estava só pele e osso.

Doutor Frederico não teve alternativa e decidiu pedir ajuda à Erika para convencer a doente a fazer o tratamento.

Quando o telefone tocou, cedo, em sua residência, ela estava se encaminhando para a refeição matinal. Ao tomar conhecimento do que acontecia com Miriam, gira nos calcanhares em sentido contrário à copa e ganha a rua, montada na sua moto. Ela esquecera a amiga, momentaneamente, absorvida nos afazeres de aluna quartanista.

Chegando ao hospital, galga de dois em dois os degraus da entrada, mostra sua carteirinha ao novo vigilante, e vai diretamente à ala em que se encontrava a doente.

É aplaudida pelas enfermeiras, tendo uma delas dito com muita alegria:

— Eu sabia que você viria, o que muitos duvidavam, pois sabem que você é muito ocupada!

Capítulo 30

O drama de Miriam

A jovem futura médica vai direto à cama onde se encontrava a enferma:

— Miriam, Miriam, me ouve, estou aqui somente para lhe dar o alimento e sei que hoje a sopa está uma delícia. Colocaram massa de letrinhas que você vai engolir para ficar bem inteligente! E, com gentileza, coloca um babador no pescoço da enferma, que, enfraquecida, custa a reconhecê-la. Sua fisionomia dá a entender que viajava por lugares ermos, em solidão, sem companhia, com o olhar perdido em algum ponto de um passado distante.

Erika passa as mãos sobre seus cabelos desgrenhados, ajeitando-os, toca-a na face com carinho, fazendo-a olhá-la. Chama pelo seu nome, separando as sílabas, para fazê-la voltar ao presente. Miriam fixa-se nela, olhando-a no fundo dos olhos, e o seu rosto se ilumina, como se flores azuis da primavera de clima suave lhe penetrassem o âmago. E, em silêncio, toma a primeira colherada do caldo reconfortante, sendo mimada e bajulada com carinho extremo por Erika, que, a cada colherada, a elogia, como se aquilo fosse a coisa mais importante que estivesse fazendo.

A enfermeira plantonista, quando vê que o quadro se modificara, sai, deixando as duas sozinhas para ficarem mais à vontade. Erika fica um longo tempo mimando a mulher, penteia e trança-lhe os cabelos, passa-lhe blush, muito a seu gosto, pinta-lhe os lábios, esmalta-lhe as unhas, pois sabe-a muito vaidosa. Gostava de pinturas, colares, brincos, anéis, apesar de não ter equilíbrio nas escolhas, misturando muito colorido, num visual muito exagerado e espalhafatoso, vestida com blusa turquesa com vermelho berrante, e assim por diante. Com tato, ensinava-a a mexer com cores, equilibrando-as. Neste encontro, fica por mais de três horas no hospital, no ritual de embelezá-la. Miriam deixa-se ficar, aceitando as sugestões da sua amiga.

No café das três ela já está bem-disposta e o toma com gosto e com vontade, saboreando as bolachas recheadas que lhe foram ofertadas. Cada vez que Erika consultava o relógio, Miriam se aflige, seus músculos enrijeciam, e ela protestava no seu fraseado exótico, pressentindo que não teria a companhia da querida companheira por muito tempo. Com cuidado, a garota explica pacientemente que teria de ir, pois a escola a esperava; entretanto, no outro dia, viria para dar-lhe a refeição.

Como Miriam era fissurada em rádio, Erika havia trazido um pequeno rádio a pilha novinho para presenteá-la, sintonizado em uma estação de FM, que não tinha muitos comerciais, assim ela poderia ouvir bastante música e curtir.

Nesse ínterim, Maurício telefonara para casa de Erika, sendo atendido por Bentinha, que se prontificou a chamar a mãe da moça.

Por alguma razão e gratuitamente, Viviane antipatizara-se com o rapaz. Sentia por ele uma mal disfarçada repugnância e, às vezes, chegava a odiá-lo, sentimentos que ela mesma questionava, e argumentando consigo enquanto se dirigia para atender ao telefone a contragosto:

"Não é possível essa aversão a esse rapaz. Afinal, como posso sentir tanto asco por alguém que mal conheço?"

Adepta já fazia bastante tempo do Espiritismo, doutrina humanística codificada por Allan Kardec, que fala em Lei de Causa e Efeito e tem como postulado a reencarnação, ela sabia que aqueles sentimentos negativos não poderiam ser somente da presente encarnação, pois, quando o ouvia, era possuída por uma sensação de abjeção que ultrapassava o verossímil.

"Sinto na própria pele a repulsa por esse rapaz, tenho a impressão de que já o conheço de algum lugar. De onde, meu Deus, de onde o conheço?!"

Sentia que o seu patrimônio espiritual havia guardado dele, de épocas recuadas, um conhecimento que não o lisonjeava como indivíduo, e sua pessoa lhe era odiosa.

"Minha filha, doce, amorosa, sincera, sob o domínio emocional deste... Ah, não quero nem pronunciar a palavra fatal — aleijado! Meu Deus, mas não é dessa deficiência física que desejo livrá-la, é do defeito que não aparece, que está escondido dentro dele... da má formação de caráter, da sua voluntariosidade, da sua prepotência, do seu poder, da sua má influência. Vejo nele crime insidioso, morte, tortura... ah, como vou livrar minha filha desse pretenso inválido... das pernas, claro, porque a sua alma vai muito bem, obrigado... Imponente, no seu pedestal, fazendo chantagem emocional com todos, se dizendo um pobre coitado. Por Cristo, ele de coitado não tem nada!"

E foi fazendo essas reflexões sobre os seus sentimentos em relação a ele que ela atendeu o telefone.

— Erika não está, é da clínica dos deficientes?

Pronunciava a palavra destacando as sílabas para atingi-lo, o que ele sentiu e não deixou por menos.

— A senhora não precisa, a toda hora, me lembrar que sou aleijado, pois já o sei há muito tempo. E é da clínica para deficientes que estou telefonando, sim, senhora. Se não simpatiza comigo, vou dizer-lhe uma coisa: a recíproca é verdadeira, pois também não gosto da senhora. Sempre com esse nariz empinado. O que pensa que é? Rainha da Inglaterra? Ah, faça-me o favor, tenho preocupação demais para me ocupar com a sua pessoa.

Indignada, responde a mãe de Erika, com o ego magoado:

— Mas... o que é isso, moço? Você nos telefona para me desacatar? Você, você... é um mal-educado. Defeitos de uma educação relaxada, me respeite, rapaz! Ouviu? Me respeite! Tenho idade para ser sua mãe.

— Pois então comporte-se como tal. Até agora só recebi de sua parte ressentimento e antipatia. Escute, dona, escute bem, eu não programei o sentimento que tenho pela sua filha. Ele está impresso em mim. Abri mão de uma namorada de quatro anos e se conseguisse mudar o quadro, eu lhe afianço que escolheria Lou, e não Erika, pois ela me é muito mais fiel, não me troca pela Medicina nem por ninguém, eu mudaria, com muito gosto.

— Mas... mas... você é realmente uma pessoa desagradável, eu diria insuportável. Vou me empenhar para que minha filha, nosso tesouro, não se envolva com pessoas da sua espécie, sem alma, sem pudor ou coisa que o valha. Passe bem!

Bate com o telefone, sem responder onde a filha estaria.

Nem bem o desliga, quando já ia se retirar, ele toca novamente. Viviane volta e atende, ficando com mais raiva quando ouve a voz de Maurício.

— Escute moço, largue da minha filha, eu não tenho tempo disponível para atendê-lo, passe bem. E novamente interrompe o diálogo, não dando tempo ao rapaz para retrucar.

O telefone continua tilintando por um bom tempo, sem ser atendido. Viviane dá por encerrado o assunto com ele, entretanto sua alma navegava por mares tempestuosos, onde a onda borrascosa tentava submergi-la, sufocando-a. Seu corpo todo tremia vergado pela emoção de que estava possuído, numa proposta de guerra aberta, apesar de seu bom senso pedir trégua.

Estava tudo bem, Erika recuperada e feliz na escolha que fizera na universidade, amada e requisitada pelos rapazes de sua idade, e a sua mente desanuviada de qualquer preocupação. Aberta ao amor e à felicidade, transbordando de energia e otimismo, numa carga equilibrada. Madura para a sua idade, mas sem o azedume que muitas vezes caracteriza os adultos. Enfim, de posse de tudo o que a vida lhe havia ofertado, depois dos problemas na infância. Agora, quando tudo parecia encaminhado para melhor, estava à sua frente, como obstáculo incomodativo, a figura indesejável de Maurício Venturini para quebrar a harmonia entre eles. Alex também observava aquele relacionamento com certa restrição, e não via com bons olhos a ligação se estreitar. Muitas vezes, na intimidade com Viviane, desabafava amargurado:

— Nossa única filha, presa a um aleijado! Que perspectiva tem ela para o futuro, com alguém amarrado a uma cadeira de rodas, quem sabe para sempre? De que valem a sua fortuna, tradição da família, os bens móveis e imóveis, se ele, sem diferença dos outros deficientes, não poderá usar as pernas?

O casal algumas vezes planejou, no quarto sob lençóis alvos e perfumados, trocar de cidade, quem sabe de estado, para livrar a filha de um futuro mórbido e fatal, isto é, a do permanente cargo de enfermeira particular daquele homem mimado que, a qualquer contrariedade, atirava-se em fúria aos objetos, para dar vazão ao seu temperamento colérico e bilioso? Mas a doçura da filha e a sua meiguice os desarmavam. Estava realmente amando pela primeira vez, como impedi-la, já que fora sempre uma filha exemplar? Como proibir que o seu sonho de menina-moça se concretizasse, mesmo que fosse com um paraplégico?

A vida tem suas armadilhas, e o amor, as suas artimanhas. Não pede licença para entrar; ao contrário, penetra e comanda.

Viviane tinha esperanças de que, com o tempo, Maurício acabasse por decepcionar a filha com todo aquele temperamento irascível que ele possuía. Mas sua esperança, como bruma em noite invernal, se desfazia, quando a observava apaixonada. Seu universo estava engalanado pela aura do amor, amor entrega, amor generosidade, que dá mais do que espera, numa conjugação consciente, transpessoal.

Viviane e Alex não entendiam aquele envolvimento da filha, que só lhe dava trabalho, esforço, exaustão, porque, convenhamos, era complicado viver com Maurício, suportá-lo.

Todavia, ela não se preocupava nem um pouco, *não estava nem aí*, empenhava-se de corpo inteiro em tudo o que fazia, e com ele não seria diferente. Dizia sempre aos pais:

— Não podemos desejar que as pessoas sejam como nós, é necessário que as respeitemos nas suas individualidades. — E sorrindo, brejeira: — Os contrastes é que fazem a beleza do mundo e se atraem. É a diferença que nos aproxima. A exemplo, podemos ver nos jardins, na nossa casa, a multiplicidade das espécies de flores, com seus coloridos e formas, nos encantando todos os dias. — E arrematava: — Os outros são como são, nunca agirão como gostaríamos que agissem.

Capítulo 31

Avós maternos

O mês em que estávamos se comportou a contento, as manhãs primaveris, num céu de anil povoado por bandos de andorinhas, enfeitavam a natureza, nos amanheceres e entardeceres, pelas terras brasileiras. As gramas dos jardins, nos canteiros das avenidas, junto com suas azaleias, completavam o quadro ímpar da cidade paulista.

Os dias eram mais longos, e no entardecer, com seu lusco-fusco, lá estava a Lua cheia encantando os olhos humanos.

As estações mexem com os sentimentos, isso é inevitável, tornando os seres emocionalmente abertos à solidariedade, à camaradagem, ao chope gelado nas calçadas, onde os restaurantes tentam agradar a seus clientes com novidades como pastéis de camarão, queijo e presunto.

As pessoas levantam cedo, sem preguiça e de bom humor, como se o ar perpassasse em brisas cariciosas de emoções invisíveis, desconhecidas.

A família Medeiros não era exceção, participava da apoteose da natureza em flor.

Havia na fisionomia dos transeuntes esperança, alegria, calor humano. Poucos eram os que não se deixavam envolver pela magia dessa estação.

Ah, as tardes ensolaradas onde porfiam as aves que trinam pelas verdes cabeleiras das árvores e as flores soltam seus perfumes embalsamando os ares! Em cada coração ainda palpitam sonhos feitos, outros desfeitos; exalando do pensamento, em alguns, a fragrância cítrica; em muitos, aromas doces. Ah, os mistérios das tardes primaveris de encantos mil, muitas vezes misteriosos, tanto quanto os sonhos juvenis...

Enquanto os velhos curtem a saudade de outrora, os sonhos perdidos, os jovens investem nos seus, na lira dos seus cantos, sussurrantes como a brisa que farfalha pelos cantos das casas, a entoar músicas místicas na chegada do entardecer.

Nessas tardes engrossam as águas dos rios com as enxurradas da época que, transbordando, fertilizam as terras com seu húmus generoso, num alegre burburinho, deixando ali a marca da sua majestade.

Diz Olavo Bilac :

"Bendito aquele que é forte,

E desconhece o rancor,

E, em vez de servir a morte,

Ama a vida e serve o amor".

E foi nesse clima que chegaram os avós de Erika, numa tarde ensolarada, quando os pássaros gorjeavam e as flores exalavam seu aroma. Jovens mamães empurravam, com orgulho, seus filhos, em carrinhos modernos, e os amamentavam, en-

Enquanto houver amor, haverá esperança **189**

quanto crianças travessas se entretinham nas praças, brincando nas gangorras, nos balanços, numa algazarra só.

Viviane fora pegá-los no aeroporto Internacional de São Paulo na cidade de Guarulhos. A tarde estava quente, e lentamente os velhinhos desciam a escada do avião. Ambos de cabelos prateados, fisionomia tranquila.

Vovô Dirceu usava grossos óculos, herança talvez de muito trabalho com os olhos; vovó Helena, porém, tinha nos olhos um brilho intenso de uma vida sadia e proveitosa. Viviane fora ao encontro deles com alegria e satisfação, folgando com a sua presença, velhos jovens dos seus setenta e poucos anos. Fazia bom tempo que não os via.

Dona Helena vestia um costume azul-claro, e seu Dirceu, um terno cinza, bem-comportado, e na mão trazia uma pequena bolsa de viagem. Eram sóbrios e elegantes dentro da sua simplicidade.

— Mamãe, papai, que saudades! Alegro-me de vê-los tão bem e saudáveis. Como vão? Fizeram boa viagem? Como se sentiram em pleno céu bem acomodados em poltronas aconchegantes?

— Filha — diz dona Helena —, você parece uma criança, por favor, uma pergunta de cada vez, senão você nos atordoa.

— Oh! — diz Viviane, enrubescendo, sua mãe tinha razão.

Seu Dirceu se adiantou para defender sua filha predileta:

— Deixe de ser ranzinza, Helena, nossa filha está contente e feliz com nosso encontro. Mas... vamos, o entra e sai nos aeroportos me deixou cansado.

Enquanto os pais se encaminhavam para o carro, Viviane tratava com o carregador das malas. Dava para entender a organização do casal de idosos, impecáveis nos mínimos detalhes.

Viviane toma a direção do carro, e zarpam para casa. A distância proporciona a eles uma conversa entremeada de carinho e recordação.

— Como vão a titia, os amigos, os conhecidos, antigos colegas de faculdade...

E Helena ia descrevendo e respondendo os questionamentos da filha:

— Uns morreram, outros mudaram-se, alguns adoeceram, mas a cidade e seus habitantes continuam lá, apesar do tempo e dos contratempos.

Viviane morava num bairro residencial, um pouco distante dos burburinhos da cidade grande, por isso o alongado da distância. Chegando, ela estaciona o carro no fio da calçada, ornamentada por ipês amarelos, praticamente com a conversa em dia. Erika já havia chegado da universidade e, banhada, com a cadela de estimação no colo, aguarda com certa ansiedade os avós. É a primeira a abrir a porta e atirar-se aos braços deles.

— Por Santa Margarida! — diz Helena —, você está uma formosura, entretanto... não está um pouco magra, não?

— Mamãe — diz Viviane —, isso é por causa dos compromissos. Nossa filha estuda demais e compromete-se muito com trabalhos na área de assistência a pessoas deficientes.

Quando fala em deficiente, instintivamente olha a filha, num colóquio silencioso.

— Ah, minha querida neta, precisa se cuidar mais, bem... agora eu estou aqui e lhe darei gemada todas as noites, que, segundo o nosso médico, é fortificante e previne doenças.

A garota escancara a boca de dentes de alvura preciosa, rindo da preocupação da matrona, que, apesar da idade continuava lúcida, de olhos brilhantes, falando com inteligência.

Neste ínterim, chegam Alex e Bentinha para os cumprimentos de boas-vindas. Bentinha como sempre prestimosa ajudava seu Dirceu a levar as malas para dentro. Foram momentos de entretenimentos agradáveis, onde a saudade e as recordações eram a tônica das conversas.

A Lua cheia estava esplendorosa, e o perfume que exalava da dama-da-noite saturava o ar, acumpliciando-se com a paz e a harmonia que se faziam no interior da residência. A noite chegara com seu orvalho, salpicando a natureza de energia.

No dia seguinte, ao amanhecer, a confusão na casa dos Medeiros era enorme: Erika, às voltas com os instrumentos para a faculdade; Alex, com seus intermináveis projetos, aliás sempre trazendo-os para serem concluídos em casa; Viviane, preparando-se para o escritório de advocacia, com seus processos para revisar, e Bentinha na cozinha, no preparo do desjejum.

Enquanto isso, os pais de Viviane permaneciam deitados, descansando ainda de toda a parafernália que uma viagem exige, ao se sair de um lugar comum para outro bem diferente.

O dia seria mais uma vez de muitos compromissos, acertos, responsabilidades. O casal sai cada um no seu carro para as suas funções, e naturalmente Erika, na sua moto, para a faculdade.

Geralmente, a conversa era mínima; na parte da manhã, entretanto, o convívio era na base da troca de carinho. O desjejum era rápido e frugal.

Naqueles dias felizes de encontros, com a natureza bordando a terra inteira de beleza, com dias iluminados, noites estreladas, céu de anil, Erika abdicou de suas saídas noturnas com seus colegas para, no aconchego do lar, aproveitar a presença dos avós, num convívio íntimo, já que na infância não tivera oportunidade, dada a distância em que moravam.

Capítulo 32

O desabafo de Viviane

Viviane colocara a mãe a par do namoro esquisito de sua filha com um portador de deficiência física. Quando tocava no assunto, seu corpo oscilava como haste ao sabor do vento, e seus olhos brilhavam de aflição.

— Mamãe, a senhora veio em boa hora passar esta temporada conosco. Meus argumentos com sua neta esgotaram-se. Ela não me dá ouvidos, e o pior é que tenho por esse rapaz uma antipatia que raia à loucura. É um moço mimado, cheio de vontade, rico do que é perecível, pobre do que é eterno. Aqui em casa, quando o telefone toca e é ele, eu antecipadamente já o sei, pois arrepio-me da cabeça aos pés e passa um frio em minha coluna. A senhora sabe que muitas vezes trocamos por telefone palavras desagradáveis? Esse moço é voluntarioso e também mal-educado. Sei que estou errada, mas tem horas que chego a odiá-lo, sinto que ele tem prazer em me enfrentar e me contrariar.

Helena fica ouvindo a filha falar com paixão e veemência sobre aquele que seria — e pensava, "que Deus nos livre" — o genro dela.

— Mas como isso aconteceu? Por que você não cortou o mal pela raiz, no começo?

— Ah! Quando nos demos conta o namoro já tinha se instalado. Erika, prevendo a nossa reação, nos omitiu tudo. Minha filha, que era uma jovem alegre e feliz, cumprindo o seu destino na sua fase juvenil, entre amigos parceiros e turmas, permanece agora como uma pessoa infeliz, convivendo com ele, que possui uma energia estranha, pesada e negativa. Sensível como ela é, absorve a emissão de seus maus fluidos. Muitas vezes sinto-a melancólica com uma vaga tristeza que se alinha em sua fisionomia, que luta para disfarçar.

Mas ela se enganava, Adelina sempre que podia permanecia com eles, porque o compromisso dela agora era a recuperação do amigo de vidas passadas junto com Erika, e ela a fortalecia para vencer esse embate.

— Dá para a senhora entender essa situação? — perguntou Viviane de supetão.

A nobre senhora ficava cada vez mais assombrada e espantada:

— O que me diz, Viviane? Erika é uma pessoa esclarecida, universitária, não poderia se deixar dominar por este rapaz. Quem sabe ela tem pena dele, dó, pois possui um coração generoso, ou então está sob sortilégio.

— Que é isso, mamãe, isso é fantasia, ela está confundindo amor com piedade, isto sim. Afinal, sempre gostou de ajudar os menos favorecidos e pensou que esse aleijado — fala áspero — necessitasse dela.

— Quem sabe isso nem é sério e você está dando maior importância ao fato do que realmente ele merece.

— O pior é que eu acho que o caso é sério, principalmente pela mudança de comportamento dela, suspirando pelos cantos da casa quando não se telefonam. E isso, mamãe, nunca aconteceu com nossa filha antes.

— Hum! Precisamos tomar providências, arregimentar forças, criando estratégias para livrá-la desse encantamento.

— Nossa! Não é para tanto. Sua neta está simplesmente apaixonada pelo homem errado.

— Por acaso a paixão não é um encantamento, onde tudo é visto por uma visão diferente? Quando o parceiro é o certo, tudo corre bem, assim como aconteceu com você e seu marido. Agora, quando o homem é errado, ah, minha filha, "é um Deus nos acuda". Lembra-se da sua irmã, naquele caso?

— Cruzes, nem me lembre! Não foi fácil, nem para ela, nem para a senhora e para o papai.

— Pois então, querida! Lutemos para tirar sua filha dessa armadilha. O importante é que vençamos em favor dela.

— Ah, mamãe, hoje são outros tempos, a mocidade está liberada e mais ciente das suas emoções. Erika não é diferente.

— Viviane, minha filha, acorde! amor e paixão foram e serão sempre iguais, em qualquer tempo. Amor entre ricos, entre cultos, nos ignorantes, não tem diferença. Quando ele é nocivo faz mal em qualquer época, em qualquer idade, em qualquer classe.

— Mamãe, há uma coisa que quero lhe confidenciar. Desde que esse rapaz entrou na nossa vida, tenho tido sentimentos desencontrados. Até, de uma certa forma, maquiavélicos. Sonho muitas vezes que o estou esganando, outras vezes vejo-me empurrando-o para baixo de uma ponte com sua cadeira de rodas.

— Cruzes, criança — maneira carinhosa pela qual chamava a filha —, você está perturbada mesmo. Quem sabe rezando ou mesmo fazendo uma missa dominical, para afastar tudo isso.

— A senhora sabe que há muito tempo não sou mais católica, nem praticante de fachada.

— Ah! É mesmo, você está em uma nova seita. Aquela que fala com mortos, não é? — E fazendo o sinal da cruz com expressão de temor: — Cruzes, está aí uma coisa a que eu não me adaptaria, falar com mortos. Esses e os fantasmas quero-os bem longe daqui. Depois da morte, as almas só a Deus pertencem. Quando partir, saberei como é lá no outro lado. Por enquanto, não me interessa. Quero conviver com os vivos e viver até que a morte venha me buscar.

— Mamãe, quando eu tiver mais tempo, vamos conversar sobre esse assunto; entretanto, a preocupação maior mesmo é com minha filha.

— Está certo, podemos continuar o assunto, mas, pensando friamente, você está falando mais com a emoção do que com a razão. Afinal, esse moço não é um monstro ou um criminoso degenerado. Pelo que entendi, é apenas um rapazote precisando de ajuda médica para o corpo e também para a alma. Acho que não é para tanto, a sua preocupação. Na idade em que Erika está, rapazes vêm e rapazes vão como chuva de verão. Acho que você está com ciúmes e não quer repartir o amor de sua filha com outro, pois teme perdê-la. Guarde a amargura para os tempos bicudos, e já os tivemos bem difíceis com o acidente de minha neta. Esta atitude pessimista lhe dará estresse, causando transtornos, somatizando a emoção desencontrada, causando doença no físico. Antes de vir para cá, conversei com Alex por telefone, e ele me falou que você está sob pressão. Agora entendo. Certamente em razão do descontentamento com esse namoro, que não aprova. Concordo que precisamos ficar atentas, e sei que nenhuma mãe se sentiria lisonjeada ao ver a filha apaixonada por uma pessoa que... precisa de cuidados especiais, mas isso não é o fim do mundo. Necessitamos repensar o assunto, não deixando as emoções falarem e agirem por nós.

— Ah, mamãe — e Viviane, debulha-se em lágrimas —, eu... estou... precisando muito dos seus conselhos. A senhora é forte e determinada, e nada a abate nas suas decisões. Graças a Deus, chegou em boa hora, estou no limite de minhas forças. Tenho tudo o que o conforto me proporciona, mas ele não vem sozinho, traz o ônus do progresso.

— Concordo com você, querida, os excessos pela busca de comodidade podem cedo enfastiar, deprimir e irritar a nossa existência. Você tem dormido bem? Não esqueça de que o cansaço proporciona insônia, e ela reduz a resistência física. Como vai o seu relacionamento com Alex? Ele me parece tranquilo, quanto a você, não sei não...

— Mamãe, de onde tirou tantas informações sobre as enfermidades modernas?

— Bem, na idade em que estou, a máquina começa a falhar; é um mal-estar aqui, outro ali, algumas arritmias; logo, não posso me descuidar com isso. Então faço *check-up*, leio revistas que tratam de assuntos geriátricos. Afinal, querida, estou ficando velha, o corpo não corresponde como antes, mas, dentro deste quadro, estou bem. Ter mais idade não significa ficar burra ou desatualizada!

— Eu não quis dizer isso, mamãe —, fala Viviane tentando desfazer o mal-entendido —, eu sei que a senhora é bem inteligente, mas não sabia que lia revistas femininas, achei que esses assuntos não eram comentados em cidades interioranas.

— Querida, a vantagem do progresso é nos alcançar em toda parte do mundo. Revistas e informações se encontram em qualquer lugar.

— Ah, claro, a senhora tem razão, mas que tonta que sou!

— Você não é tonta, mas está esquecida com o namoro de Erika. Duas cabeças funcionam melhor que uma quando queremos solucionar um problema. Você não acha?

— Lógico, sem dúvida alguma.

E deram o assunto por encerrado, por enquanto.

Capítulo 33

Em família

Era o entardecer do domingo, e a família Medeiros se reunia no quintal do sobrado para colocar o papo em dia. Alex, com uma pilha de jornais debaixo do guarda-sol, para evitar o sol do crepúsculo, e se entretinha em examiná-los.

Erika ainda não havia chegado, tinha tirado o dia para ir ver como Miriam estava e passou praticamente o dia com ela. O intruso, como Viviane chamava Maurício, já havia telefonado, e era sintomático, o telefone tocava, e ela sentia um frio glacial. Em razão do desentendimento dela com Maurício, passava o telefone para o marido atender, este ouvia com cortesia, mas era lacônico, apenas dizendo sim e não. Havia uma frieza educada na sua maneira de ouvir, não lhe dando oportunidade de se imiscuir na sua vida particular e, entre um monossílabo e outro, encerrava a informação. Viviane ficava de pé, na sua frente, mexendo com as mãos, aflita, e quando ele desligava ela não se aguentava e perguntava:

— É ele, não é?

E Alex, lacônico, para não entrar no assunto, apenas dizia:

— Sim.

— Você viu? Ele, sempre ele. Que droga, não nos deixa em paz!

— Quanto mais importância der a isso, mais se avoluma o problema. Vamos lá, diz ele, desligue, não o leve a sério. Faça como eu, fico na base da cortesia e da estrita informação.

Viviane, no auge da exacerbação, fala, irritada:

— Você parece que não ama nossa filha, não se importa com ela, com tudo que lhe diz respeito. Querido... Erika está em perigo e você não toma nenhuma providência em relação a isso. Afinal, quem é o homem nesta casa?

— Mas o que é isso, você está se virando contra mim? Lembre, eu não sou seu adversário, sou seu marido. O outro... o moleque é que não a deixa em paz. Vamos, Viviane, recomponha-se, nossa filha está por chegar e não é justo que nos encontre amuados. De uma coisa estou certo, quanto mais pressão ah, mais rebeldia. Amor de mocidade é como tempestade de verão, faz estrondo enorme, lava as calçadas sujas, os telhados, as fachadas das casas, e depois, com um estalar de dedos, assim como veio, se vai.

— Ah, lá está você com suas comparações. Eu lhe afirmo, este caso está passando dos limites e se não tomarmos uma atitude, eles vão concretizar o enlace. Não, não e não! Não posso nem pensar em ver a nossa filha ligada a esse... ahn, ahn...

— Chega, Viviane, pare de fazer críticas a esse pobre rapaz.

— Você ainda o defende, Alex? Tinha de ter pena de nossa filha.

— Não, não é isso. Sabe de uma coisa? Vou ler o meu jornal lá dentro, onde estarei em paz.

E de contínuo, toma os jornais nos braços e encaminha-se para a casa, tentando racionalizar a discussão, entretanto agitava a cabeça, em sinal de contrariedade.

Viviane ficou mexendo com as mãos, num gesto infantil, como se ainda fosse uma menina aflita com problemas que não podia solucionar, até que sua mãe, que estava um pouco afastada, mas observando-os na discussão, chamou-a com a desculpa de lhe mostrar o seu bordado, e foi neste momento que Erika, que havia acabado de chegar, com a fisionomia radiante, aproximou-se delas.

Capítulo 34

Uma noite inesquecível

Chegou o dia esperado, véspera de Natal.

O salão nobre estava ornamentado por inteiro com motivos natalinos, todos confeccionados pela família Medeiros mais os enfermeiros e internos da clínica.

O ar estava impregnado de expectativas. O coral, num canto estratégico, possuía um número considerável de participantes. Junto com eles estava a banda, sob a direção de Erika, com seu eterno violão. Todos daquela casa se faziam presentes na festa cristã, desde os médicos até o corpo administrativo da clínica.

O programa foi desenvolvido à risca: o canto, a dança e, culminando, uma peça teatral enfocando a discriminação no campo da deficiência — as minorias — os excluídos de uma sociedade perfeita.

Os diretores e os assistentes elogiaram a programação. Em seguida, passaram para a entrega dos presentes, numa algazarra organizada, após o que foram para os comes e bebes, depois de quase duas horas de programa. Erika começou a cumprimentar seus amigos entregando presentes sem esquecer ninguém. Muitos que eram presenteados também retribuíam em forma de agradecimento. Entre os convivas estava Maurício, arredio, mal-humorado. Seus olhos estavam escuros e brilhantes, em sua boca havia um ricto de desdém. Ele só observava a festa. Estava nela, mas não participava da magia que dela emanava, o que não passou despercebido de Erika, que, ao olhá-lo, viu e entendeu seu estado íntimo de azedume.

Aproximou-se dele quase cerimoniosa, de uma certa forma apreensiva pelo que ele poderia aprontar quando estava infeliz. Cumprimentou-o:

— Feliz Natal, Maurício, e próspero Ano-Novo. Está gostando da festa? Já observou as meninas, o quanto estão felizes?

— Você disse felizes? Ah! Mas que ironia — e repetiu — felizes... — Diga-me, doutorazinha, ah, desculpe-me, projeto de médica, porque ainda não recebeu hahahaha o canudo — ah o diploma de médica —, hum, o certificado, e não esqueça que você tem ainda a residência para fazer, o que entende por felicidade? — e dá uma gargalhada — Paraplegia, talidomida, cadeiras de rodas. Hahahaha, é preciso rir para não enlouquecer.

E ironicamente repetia:

— Feliz Natal e próspero Ano-Novo? Afinal, é comigo que está falando ou consigo mesma? Que Natal, que Ano-Novo? Para mim está tudo acabado e enterrado, acabou, Erika, acabou! Eu simplesmente não existo, e... pobre de mim, me obstinar em querer existir. Essa coisa que sou hoje, pela metade, um arremedo do que fui. Ah, se me assumir assim, serei mais um náufrago à deriva. Sou feito de ódio, de rebeldia, não me conformo, eu tinha tudo para ser feliz, e a vida resolveu brincar comigo! — e, enquanto falava, de punho fechado, agredia o braço da cadeira de rodas.

Na fúria em que se deixava ficar, Maurício esquecia o raciocínio de Erika, que ficava aparvalhada, sem reagir. Sentia-se aprisionada sob um centro de força que lhe tirava a faculdade de raciocinar. A voz morria na garganta, e ela ficava assim, sem ação. Como defesa, abaixava a cabeça, os olhos umedeciam-se de lágrimas silenciosas, e ela se afastava, fugindo dele.

Maurício, desvairado, ainda tinha energia para atacá-la mais, como se ela fosse culpada pelo seu estado deficiente:

— Ah, você foge, como sempre, não aguenta a realidade, você é covarde e pode se dar a esse luxo, ao passo que eu não o consigo porque estou irremediavelmente ligado a mim mesmo e à cadeira de rodas, sem ter para onde fugir. E como fugir de mim? Como? Ah! Deus, cada dia eu enlouqueço mais, não é justo! — Falava num sopro, havia nele uma fúria mal contida, mal disfarçada, e um desejo enorme de fugir de si mesmo.

E enquanto a festa prosseguia, entre alaridos e alegrias, todos ou quase todos deixando os problemas de lado para curtir o entusiasmo natalino, duas pessoas que se amavam se separavam porque um dos parceiros reagia contra a vida, afastando a possibilidade de ser feliz. A jovem, doce que nascera, provava o fel da desesperança de seu par. Transfigurada, carregava a dor de não poder diminuir a aflição de quem amava.

Continuava caminhando pelo salão, falando com um, com outro, e até alguns médicos novatos a tiravam para dançar, ao que ela aceitava para espairecer, mais do que por prazer.

Enquanto rodopiava nos braços dos parceiros, sua mente corria solta, mas com muita mágoa. Pensava:

"Por que somos tão diferentes? Aconteceram tantas coisas na minha vida que o tempo perdeu um pouco da sua medida, e eu consegui superar e me adaptar. Por acaso não sofri com o meu desastre?"

"Maurício teve uma infância feliz, era mimado e bajulado por todos", e continuava pensando: "Não que eu o queira resignado, mas, por Deus, ele não se dá trégua nem se deixa amar. É como se duas forças gigantes guerreassem, amor e ódio, ressentimento e resignação. Ah! Meu Maurício, está enganado se pensa que vou desistir de você. De jeito nenhum. Posso lhe dar uma trégua, mas jamais me afastarei. Desde que esse sentimento me envolveu e me alucinou, não mais posso me separar de você".

O médico novato, enquanto a levava pelos braços, a rodopiar pelo salão, entabulou com ela um papo agradável, tentando cativá-la, mas a garota, com a mente fervilhando, não desligava de seu amado. Entretanto, Maurício, intimamente, atrás dos murmúrios da conversa e do choro cansado da criança que existia dentro de si, ficava no altar de seu ego a exorcizar a sua desdita.

Não devemos negar nossas emoções fortes, contudo, não podemos abdicar dos dias agradáveis, que, muitas vezes, são imprevisíveis.

A vida até o momento não havia poupado a jovem nem das boas coisas, nem das más, mas nem por isso ela abdicara da vida. Ao contrário, seu universo se enriquecera. Estava deliciosamente bem na festa, apenas Maurício não participava dela.

Erika não se aproximou mais dele. Levou até o fim a alegria de participar daquilo que com tanto amor tinha preparado. Deu-se uma chance, não permitindo que o azedume de Maurício a contagiasse.

Para concluir as festividades, um grupo veio ao seu encontro pedindo-lhe para tocar e cantar suas baladas. A futura médica não se fez de rogada. Sentou-se num banquinho e soltou a voz clara e harmoniosa. A cada número era aplaudida com entusiasmo, terminando assim aquela noite mágica de um feliz Natal.

Capítulo 35

Encontro com o passado

Depois daquele dia maravilhoso, a garota estava muito cansada, mas mesmo assim deita-se tarde. Imagens reflexivas movimentam-se em sua onda mental, umas alegres, outras inquietantes. Entretanto, quando o sono se aprofunda e o espírito deixa o corpo, preso por apenas um tênue cordão de prata, o campo da mente se amplia, e ela pode rever com auxílio do seu mentor espiritual os fatos esmiuçados da sua vida atual, e, como por encanto, viajando em ondas, vai ao encontro do passado de que resultou o seu presente. Imagens ora alegres, ora tristes desenrolam-se na concha psíquica. Por meio de uma tela, preparada pelos amigos espirituais, ela se vê em lugares remotos. A paisagem parecia ser da França. O castelo era o mesmo que vislumbrara quando de seu desmaio, na tarde em que vira Maurício pela primeira vez. A área era extensa, a perder de vista. As reminiscências afloram à sua mente, eivadas de boas e tristes recordações, trazendo-lhe profundos suspiros.

A emoção sobrecarregada de lembranças, dolorosas umas, frustrantes outras, se transforma em catarse, liberando todo o seu inconsciente represado, num fenômeno nunca antes vivido. E ela viaja nesse astral de dores e alegrias.

O castelo imponente, em estilo gótico renascentista, emoldurava a paisagem. Ao derredor, um imenso e soberbo jardim completava o quadro, num cenário romântico. A construção nobre era o encanto daquela região, com torres fulgurantes dizendo da sua época medieval. Era o século das luzes recém-saídas do obscurantismo. Enfeitavam aquele solar alamedas de cedros seculares, numa área de mais de cinco mil hectares.

Erika, com o coração aos pulos, penetra no castelo, explora as escadarias imensas, os salões soberbos, as galerias de arte, os nichos preciosos que lhe eram tão amados e que ela conhecia tão bem. As escadarias do salão de jantar levam-na a uma sala de música com cravos, harpas, pianos e outros instrumentos. Na sala de estar, um lustre de cristal à moda da época e, nas paredes, quadros de pintores famosos da Renascença. O "hall" de entrada era enfeitado com armas e troféus de caça nobre. As tapeçarias, com arabescos persas, falavam da riqueza de seus donos.

Nada passa despercebido ao seu olhar perscrutante, nem as passagens subterrâneas e os calabouços medievais.

Passado e presente se medem nesse confronto que nem o passar dos séculos impediu de existir. Somente "o agora" funciona como mediador desse encontro consigo mesma, que não poderia ser mais protelado.

Como espectadora e personagem atuante, Erika deixa as lágrimas rolarem pela face, hoje transmudada em uma nova personalidade, que abriga um sentimento melhor de vida e de imortalidade.

As imagens começam a materializar-se à sua frente, como num passe mágico.

Vestida de roupas principescas, na idade das descobertas femininas, corria pelas escadarias do castelo, descompromissada de tudo. Pajens e serviçais povoavam a sua visão por inteiro, enquanto ela, voluntariosa, corria para o pátio seguida pelo séquito que tinha por dever protegê-la e servi-la. O bom gosto era visível. Charles de Depardieu, o proprietário, era um homem conceituado, ilustre, nobre, detentor de uma fortuna considerável. Era austero nas suas resoluções, entretanto, possuía um caráter irrefutável. Administrava sua província com mãos de ferro, no que dizia respeito a normas e hierarquias; contudo, era dotado de sentimentos de justiça e retidão. Sua fraqueza consistia em ceder aos caprichos de sua filha única, Michelle de Depardieu, fazendo-lhe todas as vontades. O que não tolerava nos súditos relevava na filha, deixando que os galhos defeituosos das más inclinações crescessem sem a poda da disciplina e da educação, não a das conveniências, mas a verdadeira. Erika se funde com a personalidade de Michelle, e a cena tem início.

Corre pelos jardins e adjacências atapetadas de gramados verdes com toda aquela parafernália de rendas, sedas e tafetás incômodos tirando a leveza dos seus gestos. É hora da sesta para os adultos, enquanto os jovens dão vazão às suas energias sôfregas de ser e agir.

Na pradaria que se estende, ao correr a vista pela estrada que vai até o castelo, ela vê aproximar-se, célere, um cavaleiro de porte garboso, tez amorenada, de boa estatura. Ele chega a toda, desce do animal e corre ao encontro da donzela, cumprimentando-a efusivamente. Depois, conversam:

— Então, André, você deixou as festas da corte? Não o esperava tão cedo. Como foi lá, amou muitas mulheres lindas e traiu muitos maridos rotundos?

— Ora, Michelle, bem sabe que só você reina dentro de mim. Basta querer e pedirei sua mão ao senhor Depardieu. Acha que não seria aceito pelo seu pai para casar com você? Sou, tanto quanto ele, nobre e de estirpe. Minha linhagem é tão longa quanto a linha do horizonte.

E tomando-a pela cintura, deposita-lhe um beijo na face rosada, deixando-a de semblante afogueado.

— André, quem lhe deu o direito de roubar-me um beijo? Deveria ter-me pedido.

— E me daria?

— Claro, pois também gosto de você. Quanto a casar... não, ainda não. Preciso conhecer a corte, os bairros luxuosos de Paris, ver outras pessoas, para saber se realmente o amo para lhe pertencer.

— Para que quer conhecer a corte? Para quebrar regras de discrição? Maliciosa como você é, e de atitudes inusitadas, vai dar muitas dores de cabeça a seu sisudo pai.

— Ah, André, tenho necessidade de viver, viver, aproveitar a vida. Sonho permanentemente com o encanto dos salões esplendorosos da corte, seu champanhe espumante e as quadrilhas modernas, tão decantadas por minhas amigas mais velhas.

André enrijece o corpo, não deixando transparecer a raiva de que é tomado.

— Ah, minha dama nobre, você não encontrará melhor partido do que a minha pessoa, de família ilustre.

— E quem lhe disse que estou a procura de partido? Se estivesse, casaria logo com você — e rindo muito puxa-o, consentindo que ele a beije mais uma vez, tentando-o a embarcar na sedução, pois a efervescência da sua juventude sai-lhe pelos poros, e a mocidade canta alegrias numa festa de emoções.

Os olhares se mergulham com intensidade. O jogo da sedução se instala, intenso e ardente. Quando se dão conta, estão envolvidos pela necessidade de ficarem mais perto um do outro. Ele, apaixonado, arde por ela. Ela, passional e irresponsável, aprecia o jogo da sedução, mas não se afunda nele; fica na superfície, isto é, na periferia das sensações.

A exuberância daquela quase menina de olhos irresistíveis enlouquece de paixão o nobre conde da família Dupont. Correm um atrás do outro, por entre o arvoredo da pradaria que rodeia o castelo, e André, ao alcançá-la, abraçando-a pela cintura, tropeça nas suas rendas e tafetás, e rolam sobre a grama verde do parque. Ela ri muito, excitada pela química jovial. Entretanto, ele, ardendo de paixão por ela, aperta seu corpo delicado e bem formado contra o seu, buscando seus lábios, como duas amoras abertas para receber o seu afago, em beijos a que ela corresponde, dando asas à sua emoção de menina moça.

André, por entre seus cabelos encaracolados, sussurra palavras de amor, ao que ela responde:

— A vida é uma aventura, nunca se sabe o que acontecerá no próximo momento. Hoje eu o amo; amanhã, não sei. Como posso lhe dar uma resposta, se nem mesmo sei como vai ser o amanhã? Já lhe disse: quero provar de tudo o que a vida me oferecer e não quero ter dono ou alguém a quem deva dar satisfação. André, André... preciso viver... sentir... experimentar, e por respeitá-lo e o amar não quero fazê-lo sofrer. Amor e emoção é uma coisa, compromisso, responsabilidade, é outra.

Os olhos escuros de André brilham com intensidade, uma paixão refreada se instala dentro dele, querendo desaguar. Deita-a mais uma vez sobre a relva macia, e agora com mais sofreguidão, beija-a com ardor, quase com fúria, deixando-a ofegante, desarmada.

— Quem a beijará assim, quem? Eu conheço todos os seus desejos e faria tudo para realizá-los, vê? Eu não lhe sou indiferente e você não sabe ainda, mas eu sei que me corresponde e me ama.

— Pare! — diz Michelle, amuada, arrumando os cachos desfeitos e alisando o vestido de fitas e rendas. — Como se atreve a falar-me assim? Não lhe dei esse direito. Que pensa que é? Irresistível? Pensa que me colocarei a seus pés como as cortesãs? Não, não e não! Não vou ceder aos seus caprichos e também não quero lhe pertencer. Gostar e casar são duas coisas bem diferentes, e casar, senhor conde, ainda não. Não está nos meus planos.

A paixão avassaladora prende a voz de André na garganta, enquanto Michelle, irresponsável e irreverente, o acusa de bruto e mal-educado, levantando a cabeça orgulhosa, com majestade, deixando o rapaz ainda mais apaixonado.

Capítulo 36

Os novos personagens

Na arte da sedução, André não soube medir a dosagem certa, pois ousadia e delicadeza devem alternar-se na conquista do objeto amado.

Quando há amor, não pode haver posse. Entretanto, naquela época, os homens arrematavam as mulheres como meros objetos de leilões, disfarçados em casamentos, que, se fossem medidos e averiguados, mostrariam que o negócio era o mesmo.

Contudo, Michelle era feita de outra matéria, estava à frente da sua época. Precisava de liberdade para respirar e decidir sem a pressão das regras sociais, que, na maioria, nada mais são que "camisa de força", porque geradas pelas convenções, em que o verdadeiro, o real, não tomam parte. Os sistemas que têm por objetivo organizar e melhorar a vida de todos, sem distinção de classe, corromperam-se por todos os séculos, perdendo o seu objetivo principal: o bem viver geral para todos, sem distinção de hierarquia. Todavia, os mais espertos, os gananciosos, dividem, subtraem e somam, ficando com a parte maior, isto é, a mais nobre, deixando os restos às classes pobres, discriminando-as.

No campo dos sentimentos, geralmente, neste mundo de relatividade, ganham sempre os jogos de interesses, desde que "as carteiras fiquem recheadas de dinheiro". O que vale mesmo para disciplinar os impulsos desordenados que nascem das nossas emoções primeiras é a educação, e não a repressão. Afinal, os sentimentos, quando nascem, não escolhem como se instalar, eles simplesmente desabrocham. Há uma atração irresistível chamando um para o outro e, se esse impulso for eliminado ou sufocado pelas normas sociais, certamente será recalcado. E em algum lugar ou tempo virá à tona e, então, fará muitos estragos.

Normas de conduta, de bem viver, estão em relação íntima com a evolução ou estágio onde o ser transita. A obrigação é de contornar as experiências vitoriosas ou frustrantes sem invadir a privacidade dos outros para não se complicar ou se comprometer com ações malogradas, se for o caso.

Quando André, ainda esparramado na grama, observa aquela quase mulher, altiva, intensa e ardente nas suas resoluções, sente que não poderia domá-la ou forçá-la a viver somente com ele e para ele. Seu coração tem um baque e, naquele momento, tem certeza de que Michelle muito ainda o faria sofrer.

Por que aquele amor? Poderia ter todas as mulheres da corte, que, a um sinal seu, entregar-se-iam sem questionamento. Mas não, precisava daquela mulher de fogo, indomável, para sobreviver. Era um sentimento quase louco, irracional, que lhe tirava a faculdade de pensar.

Século de patriarcalismo, domínio do "macho sobre a fêmea", fosse a que classe pertencesse, o homem estava habituado a vencer a fragilidade da alma feminina, e André não fugia à regra. Naquele instante, negava seu sentimento perante a formosa moça; entretanto, infelizmente, não o suprimia, pois, negar não é suprimir, e sentir é viver. Jogou para o seu inconsciente o repúdio do seu amor, mas não solucionou o seu impasse.

Uma tristeza profunda se instala no semblante daquele jovem fogoso, o que não passa despercebido à voluntariosa condessa de Depardieu. Arrependendo-se do que falara e argumentara, amacia a voz e, dando-lhe a mimosa mão, concita-o a se levantar:

— Vamos, levante-se e lute por meu amor. Não desfaleça porque nós, mulheres, não gostamos de homens fracos e chorões.

— E quem lhe disse que sou fraco e chorão? — exclama André, já dono de seus sentimentos, com as emoções sob controle.

— Ah! Não foi isso que eu vi instantes atrás. Hum, estava à deriva, desconsolado — brincou a garota.

— Pois lhe afianço, cara condessinha, não desisto tão facilmente do que aspiro. Você será minha esposa, de um jeito ou de outro.

Michelle estremece diante daquelas palavras, pois lhe percebe determinação aliada à força de uma exasperação quase louca.

André levanta-se do gramado, deposita um beijo leve na face afogueada, coloca o braço sobre sua cintura fina e, gracejando, como a dar por encerrado o assunto, leva-a até onde estava seu cavalo, dizendo com a voz aveludada, ao montá-lo:

— Aguarde-me, donzela bela e voluntariosa. Aguarde-me.

Aquelas palavras, ditas em tom macio, inquietam sobremaneira Michelle, enfraquecendo sua resolução de ser uma mulher liberada. Passa o resto do dia amuada, irascível, agressiva, tratando os serviçais com maldade proposital, despejando neles todo o mau humor em que André a deixara. Michelle está possuída de uma raiva incontida, mal trabalhada, como um assunto mal resolvido.

Pensa:

"Pelos santos da região, por que deverei ficar assim? Desperdiçando o dia lindo e primaveril. Afinal, o que o pobre André poderá fazer contra mim? Sou tão rica quanto ele, e papai jamais me negou qualquer coisa, logo..." — e falando para si — "desanuvie-se, nada de tristeza ou medo. Isso é sinal de fraqueza, e você quer ser uma vencedora, pois nasceu — e olhando-se no espelho de cristal — para ter sucesso, para ser feliz, para a liberdade, não é nenhum Andrezinho que vai tirar-lhe o sossego".

Pegue a sineta, toca-a, e, ágeis, duas serviçais se apresentam:

— Sim, condessinha? — E com mesura: — Às vossas ordens.

— Chame o serviçal da cocheira para preparar-me a montaria, tenho vontade de cavalgar um pouco, e diga-lhe que gostaria que ele me acompanhasse no passeio.

— Ah, o tratador?

Era um garboso rapaz de tez amorenada e corpo bem delineado cuja barba cerrada tirava o fôlego de Michelle. François era o seu nome, um vassalo voluntarioso, afeito às lides diárias, de pele queimada, vincada pelo sol nas tarefas campesinas do casario senhorial.

Capítulo 37

A irrequieta Michelle

Michelle, na florescência das forças emocionais da adolescência, brincava com os sentimentos alheios, sem se importar se feria ou não corações. Amava apenas a si mesma e, dos outros, só queria sensações para locupletar-se em desejos e emoções. François era mais uma das suas vítimas.

Michelle apreciava a riqueza e tudo o que ela lhe permitia, principalmente a corrupção das honras vendidas no mercado da prostituição legalizada, matando as mais caras afeições.

Passou, das quatorze primaveras aos dezoito anos, experimentando sensações nas alcovas alheias, não importando se os parceiros fossem comprometidos ou livres, assim como não escolhia idades. Velhos e moços beberam a água proibida do amor na vertente do seu corpo, e ela, numa insaciedade leviana, comprometeu-se, comprometendo muita gente.

Neste ínterim, Erika, ao tomar conhecimento daquela reencarnação, e vendo-se num passado de loucura e irresponsabilidade, não sopitando as lágrimas que, abundantes, corriam dos seus olhos, horroriza-se de si mesma. E observa, do presente, a fileira de inconsequências graves do passado, como se a vida fosse única e ela quisesse tirar tudo o que dela pudesse pegar. Disseminara dores, destruíra honras, desagregara o caráter, somente a crueldade e a fornicação navegavam naquele mar de abjeções.

Havia naqueles tempos uma força feroz, doentia, para destruir e fazer desabar, e não era por recalques ou coisas mal resolvidas, não, era mesmo maldade.

Maldade? Deixemos por conta de não termos uma melhor expressão.

Os séculos e os costumes daquela época, relaxados sob todos os aspectos, proporcionavam às pessoas o desabrochar das paixões solventes, ou melhor, o biológico suplantava o emocional. Michelle sofria a influência pertinaz dos desejos incontidos e saciava-se com eles.

Houve, nas suas tramas de alcovas, muitos suicídios e assassinatos de que ela, levianamente, não tomou conhecimento. Queria gozar, aproveitar, viver uma vida dissoluta, de permissividade e libertinagem, conivente com seu modo de ser. Entretanto, a aprendizagem não poderia ser castigada, já que vivemos e mudamos, ciclicamente nos transformando. A evolução linear, com as descobertas deste século, deixou de ter destaque no primeiro plano das mudanças, e, entre acertos e erros, os seres humanos vão descontando os saldos positivos, a caminho da plenitude maior.

Michelle queria sentir o prazer da conquista, o gosto da vitória, o poder de manipular corações. Morrendo-lhe o pai, o único arrimo, pois fora desde o nascimento órfã de mãe, seus sentidos mais grotescos se desenvolveram. Ambiciosa e promíscua, roubava os bens de quem desejava destruir e magoar. Teve um caso longo com seu tratador de animais, que, caindo na sua malha, apaixonou-se cegamente e, por ela, praticou muitos crimes.

André nunca conseguiu fisgá-la pelo matrimônio. Ela era inteligente e sagaz. Empurrou-o para sua prima, que morria de amores por ele (e que era hoje Viviane, sua mãe). André, por despeito, casou-se com ela, desejando causar-lhe ciúmes. Nem bem casara com a prima, Michelle fez dele seu amante, rompendo-lhe o orgulho e a honra de cavalheiro do rei. Seu magnetismo era tão forte que ninguém conseguia se lhe desvencilhar. Os homens comprometidos que não queriam submeter-se aos seus caprichos ela os difamava, enviando cartas anônimas às mulheres deles ou os atraía para ciladas políticas de alta traição ao rei, sendo pois executados, ou, ainda, preparava-lhes verdadeiras armadilhas, convidando a esposa deles a irem ao encontro, pegando-os em flagrante.

— Não — grita Erika, no auge do desespero —, não posso ser esse monstro, essa mulher sem alma. Meu Deus! Não posso ser esse animal! E chorava convulsivamente sob um caramanchão de flores coloridas, numa paisagem ímpar. E é nessa catarse que ela divisa a figura majestosa de um cavalheiro vestido à moda da época que revivia, que caminha em sua direção, como se estivesse encarnado na Terra.

Aquela figura de peregrina beleza aproxima-se dela e amorosamente a chama de Michelle, usando o idioma francês.

A princípio ela não entende e o vê como um desconhecido. Entretanto, tenta lembrar-se de onde o conhecia, pois sua fisionomia lhe era familiar: cabelos grisalhos, olhos escuros, pele clara e uma barba regular emoldura-lhe o semblante. O cavalheiro olha-a com olhos penetrantes e lhe diz, com as mãos sobre sua cabeça:

— Lembre.

E, no fulcro da sua alma, ela traz o reconhecimento: é Charles de Depardieu, seu genitor, cuja honra nunca fora conspurcada, e ela grita.

— Pai, paizinho, socorre-me, estou estarrecida. Como pude fazer tudo... tudo aquilo, meu pai? Onde o senhor estava que não me salvou de mim mesma? — E chorando muito, diz: — Meu Deus! Enlouqueço vendo tanta abominação. Sou um monstro, um vil animal que não merece comiseração!

Erika está presa de um choro convulsivo, entremeado de palavras de reprovação a si mesma.

Entretanto, aquele espírito iluminado quase se humaniza para tomar aquele fardo frágil, aquele espírito que se considera um réprobo. E com palavras de refrigério, a consola:

— Minha pequena, minha filha. Isso foi há muito tempo, a poeira dos séculos apagou.

— Apagou? Como? Se vivo e vejo tudo com tanto realismo, como se fosse hoje. Paizinho, estou confusa. Afinal, quem sou eu? E mostrando a figura de Michelle, que, por entre as árvores seculares se move na tela, enquanto ela, sentada no parque, sob o caramanchão, sente o tormento daqueles acontecimentos.

O conde Depardieu olha as duas figuras e responde:

— Você foi, hoje não é mais, graças a Deus!

— Meu Deus — diz Erika —, esta mulher me repugna, me dá náuseas e, por um mistério, eu sei que fui eu, não, sou eu.

— Já lhe disse, minha querida, você foi, não é mais.

— Papai, os calabouços, os subterrâneos desta propriedade estão manchados de sangue e dor. Olhe as infâmias, as traições, as traições eu... não suporto, quero morrer... para nunca mais acordar. O inferno é pequeno para me esconder, eu mereço muito, muito mais! — clama a garota, atormentada.

— Filha do meu coração, este confronto era necessário, pois, a partir de agora, você será liberada dessa nefanda vida de cujos restos era preciso se desfazer. A partir de hoje, você está livre da vida que só lhe trouxe dores inomináveis e que até hoje você ressarce, é a sua libertação.

Quando Charles de Depardieu pronuncia a palavra "libertação", as imagens vivas que desfilavam naquela tela vão paulatinamente amortecendo, se esvaindo, até desaparecerem no ar.

— Papai, elas se desmaterializaram para a minha visão, mas eu ainda as tenho dentro de mim. Que dor! É como se quisessem dilacerar a minha alma.

— Filha, minha querida, não se torture mais. Já passou, você refez todos os caminhos, você está límpida de todas as manchas. Agora... precisamos resgatar André, hoje Maurício, que traz ainda o coração cheio de fel, dor e ódio, apesar dos séculos. Ele a ama, mas não a perdoa. Essa reencarnação tem o propósito de sanar rancores dele com sua mãe e com você, de reencontrar o amor, este farol que cobre a multidão de pecados do mundo.

Na erraticidade e nas reencarnações expiatórias, a dor e as asperezas que você enfrentou moldaram-lhe o caráter, modificando-lhe a personalidade, e, minha querida, você sentiu as mesmas abjeções que causou aos outros. Assim, na fricção das experiências, você foi burilando o seu caráter, sua personalidade, seus sentimentos e suas emoções, até chegar ao estágio em que se encontra hoje, de amor e perdão.

Muitos personagens daquela época amesquinharam-se, ficando para trás, arraigados ainda a vinganças e cobranças, enlouquecidos em si mesmos. Apaixonados pelo seu próprio ego grotesco, ainda não burilado pelo cinzel do sentimento maior, vendo em tudo maldade e injustiça, impondo, pelas próprias mãos, um código de cobranças aos que lhe caem nas malhas de justiceiros. Você, doce criança, no passado não muito distante, foi flagrada pelos tentáculos que criou, com seus atos, em torno de si, e eles não a perdoaram. Prisioneira de si mesma e prisioneira deles, por muitos séculos, tanto na vida espiritual como na vida encarnada, você teve de aprender arduamente a dura lição. Esteve por muito tempo no jardim da infância, aprendendo a amar e a se amar de uma forma libertadora. Hoje, querida, você é livre para optar e comandar o seu livre-arbítrio, pois encontrou o seu caminho e aprendeu, a duras penas, a não fazer aos outros o que não quer que lhe façam.

Erika, abraçada àquela entidade iluminada, refaz-se daquele encontro consigo mesma, em tempos remotos, desvencilhando-se de um passado que agora realmente não existia mais.

— Minha filha — diz Charles com carinho —, é preciso que compreenda o estágio em que viveu no ontem. Você considerava felicidade o que vivenciou; entretanto, no hoje e no agora, sua visão do passado é diferente. Você amadureceu, para ser feliz, fazendo os outros felizes também.

Erika olha para o afetuoso pai e pergunta:

— E mamãe, papai e meus avós, qual o envolvimento nesta triste história?

— Bem, de sua mãe você já sabe. Quanto a seu pai e seus avós, tudo já foi resolvido. Não convém lembrar, porque nada irá acrescentar nesta vida. Há entre vocês paz e harmonia, há muito tempo conquistada. Invistamos em Maurício e Viviane. É necessário que você seja o elo harmônico entre eles, para uma futura paz. Dependerão de você, querida, as mudanças vibracionais entre eles, trocando antipatia por simpatia, ódio por amor, ou que pelo menos vivam em boa vizinhança, sem as farpas do desencontro do passado. Quem sabe assim as divergências desaparecerão.

Quanto a mim, estarei sempre a seu lado para animá-la e incentivá-la. Querida, é hora de retornar ao corpo físico.

A jovem acorda, ia alta a noite, trazendo na sua mente, gravada, a figura ímpar do espírito amorável de seu pai de outrora. E, ao acordar, diz ainda, sob a emoção que lhe vai na alma:

"Ah papai Charles, eu o amo muito, nunca mais me deixe".

Virou-se para o outro lado e tornou a dormir, agora integrada à presente reencarnação.

Com isso, dizemos:

"Nada está perdido enquanto existir o amor".

Erika, agora, tem certeza, alguém no etéreo está velando por ela.

Capítulo 38
Aversão

É março, Viviane, em conversa com a filha, em um dos dias de crise e abominação contra Maurício, fala-lhe com amargura:

— Minha filha, como é que você suporta esse rapaz mal-educado, sem sensibilidade? Esse moço, além de ser aleijado por fora, é feio, feíssimo por dentro. E eu, querida, não me conformo em entregá-la, de braços amarrados, sem fazer nada para lhe tirar da cabeça esse envolvimento que certamente lhe trará muitos dissabores no futuro.

— Mamãe, mãezinha, não a estou conhecendo mais! O preconceito embotou-lhe o bom senso. Isso deve ser contas do passado, é a única explicação que encontro, mas... já sou maior de idade, este assunto é meu, e eu o resolvo. Por favor, não vamos novamente brigar por um problema que só a mim diz respeito. Quando a senhora escolheu papai, eu não estava perto para influenciá-la, logo, por favor não se intrometa nos meus planos.

— Ah, esta mocidade liberada, independente! Nela, mãe não conta mais. É só o que eles próprios querem, mesmo que se deem mal. Querida, como não vamos nos intrometer, se você é nossa filha? E você há de convir que só queremos o seu bem. Que mãe seria eu, se não me opusesse a esse namoro inconsequente? Querida, você quer passar a vida inteira empurrando uma cadeira de rodas?

— Já lhe disse, esse é um problema meu, e eu o resolvo.

— Por Deus, menina, acorda! Esse homem além de... — ela queria dizer aleijado — além de ter problemas físicos, tem ainda um péssimo gênio, está sempre mal-humorado e com pedras nas mãos. Eu não suporto vê-lo tratá-la mal. Como é que pode amar alguém assim? Seu pai sempre foi amoroso e gentil comigo, e eu ainda fiz exigências para casar com ele. Imagina, se fosse comigo o que está acontecendo com você, botava para quebrar, com esse... esse... sem educação.

E como estavam lanchando, Erika, para desviar o assunto, diz à mãe:

— Por favor, dona encrenqueira, passe-me o mel e a manteiga, já estou atrasada para a universidade, em outra ocasião conversaremos melhor, mas sem oposição, a senhora sabe que esse nunca foi o caminho certo comigo.

— Está bem, filha, entrego os pontos, mas não desisto da luta. Fique certa, não vou entregá-la de mãos beijadas para esse...

Tapando a boca da mãe, ela beija-a com carinho e corre à rua, para seus compromissos universitários.

Ao dirigir sua moto pelas avenidas arborizadas, num repente, tem lembrança nítida do "sonho" que teve recentemente. Era como se estivesse relembrando um filme que tivesse apreciado e lhe tocara fundo. Boquiaberta, rememorou tudo com muita clareza, pois as imagens ficaram gravadas, o palácio, o rio, as embarcações, as cachoeiras, a cavalariça e Maurício, entrando para casar com...

Brecou a moto e num estalo constatou:

"Meu Deus! Mamãe foi Giselle, a esposa de Maurício, por isso tantas cobranças. Agora me lembro, Maurício sempre foi ligado a mim naquela encarnação e, apesar de casado com ela, desprezava-a acintosamente. Nossa! Como este mundo dá voltas. Retornamos em cenários diferentes, formamos novas famílias, armamos novas histórias, entretanto somos as mesmas personagens de antes, em novos papéis. Pobre mamãe, por isso a aversão instintiva que sentem um pelo outro. Charles de Depardieu, meu pai, ah! que doce recordação ele me traz."

Uma onda de emoção saudosa passa pela mente da garota alimentando a personalidade hoje boa e sincera.

Retomando o caminho, rememorava:

"É por isso que acordei com gratas recordações, a bem da verdade, sensações e emoções, infundindo em mim energias e coragem para reencetar nova caminhada. Como conciliá-los? Não vai ser uma tarefa fácil, vou ter de investir pesado com os dois para que, pelo menos, eles se suportem e se tolerem. Quem sabe vieram para apaziguar seus anseios de vingança, sem as recriminações que ficaram no poço fundo de suas mágoas?"

Enquanto dirige, na tela mental aparecem paisagens soberbas, campos com trigo verdejante a perder de vista e, no fundo, o moinho para receber a colheita. Pomares com árvores frutíferas de todas as espécies.

"Meu Deus, sinto como se tivesse culpa de algo. Por que será? Não me lembro de mais nada, a não ser do envolvimento de mamãe com Maurício. Tenho uma fisgada no coração, como se lembrar significasse contar tempo e revolver remi- niscências coroadas de remorso. Remorso? Mas do que ou de quem? Não, não! Frida também me disse que o passado deve ficar no lugar onde o deixamos, para não causar mais proble- mas. Só devemos removê-lo se for para nos aliviar o subcons- ciente carregado de traumas e dores. Entretanto", continua a refletir, "a minha recordação não foi induzida, foi natural, nascida de um sonho. Sonho? Não. Com certeza, foi uma re- gressão natural, quem sabe para me aliviar de alguma coisa mal solucionada, liberando meu inconsciente de lixo, arejando o meu psiquismo para, fortalecido, investir em novas reformu- lações. É... deve ser isso mesmo, a bem da verdade, sinto-me aliviada de um peso que não sei precisar. Parece que a vida tem mais sentido, mais colorido! Nossa! Aquela timidez que me gelava em qualquer situação soltou as amarras, me deixando livre para escolher, optar por ser e amar."

Desafogada de tudo, põe-se a cantar uma nova balada da sua autoria, ora triste, ora alegre. Diz para si mesma:

"Não posso esquecer esta melodia que está na minha mente. É boa demais para perdê-la". — E continua cantarolando, até o pátio da universidade.

Capítulo 39

Integrada na nova encarnação

Totalmente esquecida da recordação, absorvia-se com os compromissos do hoje e do agora que lhe ocupavam o tempo.

Enquanto isso, observando sua filha amada, o espírito Charles passava a mão na face com satisfação, seu auxílio havia surtido efeito positivo.

Depois de muito tempo, a jovem estava integrada na nova reencarnação sem os respingos do remorso, no presente, e com a expectativa de um futuro promissor, de realizações.

Pelos corredores da universidade, encontra-se com o diretor do hospital psiquiátrico onde fazia estudos com os doentes mentais. Ao vê-la, o médico encaminhou-se em sua direção e lhe disse:

— Menina, menina, eu ainda acho que a sua vocação é a Psiquiatria, você daria uma excelente psiquiatra. Continuaria meu trabalho, e, com a dedicação que lhe é peculiar, os doentes seriam tratados sob uma ótica humanizada, seus comportamentos diferenciados seriam auxiliados com muito amor, e eles não seriam mais marginalizados. Pense no que lhe estou propondo.

— Não, doutor, o senhor confunde minha maneira de ser com vocação. Não posso ser psiquiatra porque somatizo as enfermidades dos pacientes e me envolvo emocionalmente com eles, e isso não é bom nem para mim nem para os doentes.

— Ah, você somatiza! E eu, não? — falou rindo.

Com o dedo em riste, ela investe contra o bom velho, dizendo:

— Professor, professor, o senhor também? Veja lá o que está me dizendo.

— Por que não, querida? Sou ser humano de carne e osso — e falando baixinho: — e me importo com meus doentes, coisa que modernamente não acontece. Contudo, sou da ala antiga, tradicional e, como lhe falei, é de minha índole. Às vezes fico dia e noite tentando saber os porquês das psicoses, dos conflitos. Tantos privilegiados, tanto na pobreza como na riqueza, e outros totalmente insanos, inconscientes de si mesmos, idiotia e insanidade sem uma razão hereditária palpável. Probabilidade? Hum, talvez. Acidente despercebido? Também. Porém, ainda acho que está tudo no DNA, lá no núcleo da mensagem cifrada de trás para frente, mas o tempo dirá. Ah, minha filha, estou novamente delirando. Enfim, cá estamos nós, até que Deus nos chame. Entretanto, minha opinião continua a mesma, você daria uma ótima médica psiquiatra. Tchau, estou na minha hora.

Antes de se despedir, a moça ainda pergunta:

— Doutor, a propósito, como está Miriam Monte?

— Bem melhor, sem crises catatônicas. Vive grudada no rádio com que você a presenteou. E eu me encarrego das pilhas.

Acenou mais uma vez e foi embora.

Erika continuava seu trajeto fazendo elucubrações.

"Será que Miriam Monte teve alguma ligação comigo no passado, será?"

Entretanto, sua mente nada registrava, estava morna, sem resposta, isto é, nem negativa nem positiva, sinal de que não havia comprometimento dela com a louca.

Amava-a como um ser necessitado de compreensão e carinho. E falando consigo mesma:

— Deixe pra lá, vamos aos estudos, tenho de me concentrar nesta aula. A matéria é bem difícil.

Quando entra na sala de aula, um dos colegas percebe que ela falava sozinha e a aborda:

— A Medicina lhe põe de miolos moles, Erika? Você já está falando sozinha? Isso é mau, muito mau — fala gracejando, ao mesmo tempo em que coloca um dos braços por cima do ombro dela, falando-lhe, conselheiral, mas em tom de gozação: — a menina precisa tirar férias, dormir no mínimo oito horas, senão... — e colocando os dedos na cabeça dela diz: — Puft! — Dando a entender que ficaria de miolos moles.

— Sai, Fabrício, vai agourar outra, larga do meu pé. Hoje não estou para suas brincadeiras de mau gosto.

O rapaz solta uma risada, chamando a atenção dos outros. Erika, quando se vê exposta, sente o sangue subir-lhe ao rosto, ruborizando-a. Ela, habitualmente serena, tímida e pacífica, após aquele mergulho no passado desatrelara o inconsciente, tornando-se mais solta e dona de suas emoções.

— Qual é, colegas! Não olhem para mim e sim para Fabrício, que me julga alienada, mas asseguro-lhes que estou mais do que nunca dona de minhas ações, estou equilibrada e tenho o raciocínio lógico, em estado normal. E dizendo isso senta-se no seu lugar preferido, no mesmo instante em que o professor entrava para desenvolver o programa.

Enquanto ouve a preleção do mestre, deixa a mente voar em sentido contrário, vai a regiões pretéritas, vê rostos desconhecidos, cidades antigas, praças, prados, campanários, e ouve, em quase êxtase, a Ave-Maria de Schubert entoada por vozes de crianças de fisionomia angelical. Pela afeição que sente, sua alma entendia conhecê-las. Onde? Que lugar era esse que lhe dava saudade, alegria e tristeza, como se aquele panorama fosse o cenário da felicidade perdida nos meandros do tempo? Talvez fosse a França, pois sabia ter reencarnado lá. Volta de suas lembranças no momento em que o professor a questionava sobre a matéria em pauta. Como era aplicada e estava sempre em dia com seus deveres, não perdera o fio da explicação e faz uma análise do tão falado DNA.

Fabrício não lhe dá trégua, caçoando dela:

— Não perdeu o fio, hein, baixinha?

Erika, meio fora do contexto, pergunta:

— Que fio? Você enlouqueceu?

— Ora, o fio da meada — diz ele —, pois estava no mundo da Lua, não é? Meus aplausos, saiu-se muito bem.

Os sussurros de trocas de palavras não amigáveis foram ouvidos pelo professor, que lhes chama a atenção:

— Vamos, pessoal, nada de cochichos, desenvolvam o problema, já estamos em cima da hora — e mostra o relógio.

Erika, entre dentes, ainda fala, vermelha como uma pimenta brava:

— Para de pegar no meu pé, não lhe dou essa confiança.

E ele, não se dando por achado:

— Eu não quero o seu pé, quero seu corpo inteiro.

A face de Erika tinge-se de carmim quando ouve suas palavras, que denotavam atração, desejo, nunca percebido antes por ela, mas aí silencia, concentrando-se na exposição do professor, sem dar mais atenção ao jovem, que, de soslaio, a olha, perscrutando seus gestos, para ver se suas palavras haviam causado impacto.

A moça muda a fisionomia, ajustando na face a indiferença aparente, pois as palavras haviam surtido efeito nela. Seus pensamentos fervilham, desencontrados, buscando na memória quando e como Fabrício havia demonstrado interesse por sua pessoa. E pensa:

"Será que foi de repente que ele começou a se interessar por mim, ou isso já existia há algum tempo sem que eu percebesse?"

Depois que desatara as amarras com o passado de inconsequência, ficara mais atenta à vida presente, como se tivesse ressuscitado para as coisas novas. O passado, que a trazia ligada a erros seculares, naquela recordação se esvaíra como fumaça e desaparecera no céu do seu interior. A prisão fora aberta e de lá ela saíra liberta e quite com a lei maior. Agora via o mundo por uma ótica otimista, sem as manchas de um passado que não existia mais. E é nesse clima que se apercebe de que estava conquistando corações.

Capítulo 40

Entre a universidade
e o hospital

O dia foi entre compromissos, com pesquisas no laboratório da nossa futura médica, visita aos hospitais, absorvendo totalmente o seu tempo.

A vida corria com seus comprometimentos individuais e coletivos. A natureza, rebelando-se contra as inconsequências dos homens, que a depredam sem piedade, saía do lugar comum para estragos inomináveis, como furacões, enchentes, incêndios de toda ordem mostrando com sua fúria a reação a tudo o que os homens lhe infligem, menosprezando-a. Impetuosa mancha negra de nuvem espessa trazia tristeza, apreensão e desolação à paisagem. As enchentes transformavam-se em calamidade, arrastando, na sua indômita fúria, tudo o que encontravam pela frente, depenando os habitantes das casas ribeirinhas de tudo e do pouco que possuíam. O céu era riscado de raios e trovões, as nuvens negras e densas se desmanchavam em tormenta, e os rios inchados alagavam toda a área, matando e destruindo.

As casas nobres fechavam-se, os casebres eram levados de roldão.

A paisagem, de fisionomia fechada, melancólica, deixava-se assim ficar. Os hospitais aglomeravam-se com velhos e crianças, assoberbando os profissionais da área médica. Nesses tempos complicados, os estudantes de Medicina que se exercitavam no internato eram aproveitados em tempo integral para dar atendimento aos menos favorecidos, e Erika trabalhava com afã para debelar as enfermidades.

De coração generoso, afeiçoou-se sobremaneira por uma menina de olhos melancólicos e fisionomia triste que perdera seus pais e seus irmãos, quando seu barraco desmoronara com a enchente, e que chegara por mãos caridosas ao hospital como uma pequena ave indefesa. Chamava-se Ana Maria e tinha apenas cinco anos. Seus brônquios comprometidos davam-lhe febre alta e ela delirava.

A jovem Erika, ao presenciar os delírios da pequena, narrando uma realidade estranha a ela, falando de castelos e nobrezas, dá, mais uma vez, de frente com a realidade da reencarnação, assunto vivenciado sob a aragem desta nova ciência que cresce em adeptos, em todas as camadas sociais, conhecida como Espiritismo, codificada pelo mestre francês Allan Kardec.

Observando aquela criança, que não poderia ter no presente a vaidade e a ambição da riqueza, pois vivia na penúria, nossa garota mais ainda fundamenta sua crença na reencarnação, entendendo que somos transitórios no mundo Terra.

E, levando o raciocínio para sua própria vida, avalia o fenômeno de rejeição que acometia sua mãe, uma senhora considerada de bom senso e equilibrada, que pilotava a família com lógica e discernimento. Entretanto, ela passava no momento por uma crise existencial que a retirava de seu estado habitual, a ponto de apresentar uma auto-obsessão não condizente com seu caráter bom e com sua personalidade desprovida de preconceito. Vinha-lhe a constatação de um vínculo negativo entre a mãe e Maurício, fruto de uma encarnação passada, pois não se suportavam. Tinha certeza de que Deus, sem ser semelhante ao homem, estava presente e onisciente em tudo, e tudo dirigia com sabedoria, disso ela não tinha dúvida. Logo, as causas dos desacertos e do desencontro eram inerentes ao ser, em busca sempre da plenitude.

Ana Maria causou-lhe impressão profunda e, na sua intimidade, tinha uma vaga impressão que já vivera com ela em outros tempos, em alguma das vidas passadas. Era como se a criança pertencesse à sua vida carnal, era como se reconhecesse alguém muito querido, e pensou em adotá-la, já que a criança havia perdido todos os seus entes queridos na enchente. Adotá-la, como? Com tantos problemas para serem resolvidos em sua vida.

"Ah! — pensou —, o doutor Nagazaque não tinha filhos, quem sabe sua esposa não gostaria de receber a pequena Ana Maria para preencher o vazio filial tão comentado por ela?"

Esse assunto ficaria para ser resolvido mais tarde. Enquanto isso, a menina permanecia no hospital, sob cuidados médicos.

Capítulo 41

Maurício e os pais

Os pais de Maurício, voltando de uma longa viagem, encontram o filho desanimado e infeliz. A fisioterapia, apesar de intensa, não lograra ainda nenhum efeito que se pudesse notar. Encerrado no mutismo doentio, não se alegrou com a volta dos pais. Bronzeados e de fisionomia apaziguada, tiveram um sobressalto quando deram com o filho acabrunhado e infeliz. Tentaram entabular uma conversa fraterna com ele, mas em vão, só receberam evasivas, amargor e desencanto.

O rapaz, olhando-os de soslaio, perguntava com azedume e uma ponta de amargura:

— Como foram no passeio? Divertiram-se? — E ele mesmo respondia: — Claro! Longe do filho aleijado e de péssimo gênio, como não se divertir? — e gargalhava sarcástico.

Sua mãe, de rosto transfigurado, com o próprio silêncio reprovava a atitude do filho. Seu pai, mais severo e mais seguro, não se conteve:

— Não nos acuse do que não temos culpa. Nós lhe demos uma vida saudável e rica, não temos culpa do que lhe aconteceu. Temos lutado para oferecer o melhor sob todos os sentidos, mas, por favor, meu filho, nos poupe de recriminações que não merecemos. Acaso não foi você que nos sugeriu uma viagem de férias, pois se aborrecia com nosso excesso de zelo? Não queria tirar férias de nossa presença? Pois, então, seguimos o seu conselho, mais para agradar-lhe, deixando-o só, do que por desejarmos realmente uma viagem. Filho, aceite você ou não, nós o amamos sempre, como antes. Se pudesse trocar de lugar com você, eu o faria de bom grado, afinal, você é nosso maior bem, é a nossa carne, o resto... oh, querido, o resto, a minha inteligência e o meu dinheiro conseguem adquirir, comprar. Quanto a você, filho, não o trocaria por nada deste mundo, por dinheiro algum, você é o incomparável presente que Deus nos ofertou. Acredite, nós o amamos muito, muito.

Pessoas existem que, reprimindo o inconsciente, nos conflitos, projetam nos outros problemas que a sua capacidade bloqueada não consegue resolver. Evadindo-se de si mesmas, buscam no outro a responsabilidade de seus atos, como náufrago a agarrar-se a qualquer tábua para não se afogar.

É uma tendência quase mórbida a de querer projetar no outro o que constata em si: a falência das forças conscienciais. Geralmente, projetamos nosso ego naquilo que insistentemente combatemos no outro, não querendo reconhecer nossas deficiências. É uma necessidade premente de questionar nos outros o que nos é desagradável em nós mesmos. E então nos revelamos de caráter irascível, de comportamento neurótico, mantendo uma animosidade característica, sem forças para vencer em nós mesmos os defeitos projetados no inconsciente, sem têmpera para discipliná-los.

Maurício, criado na opulência e mimado, nascido para ter sucesso e ser bajulado, revoltou-se contra tudo e contra si mesmo, quando golpeado pelo imprevisto que a vida lhe preparou. Surpreendido pela lei maior de justiça e harmonia, não suportou, na fragilidade do caráter, ressarcir o passado delituoso, de caminhos tortuosos, refazendo estradas, aprimorando-se para se aceitar e não mimar-se nos defeitos que as paixões humanas lhe impuseram.

De sensibilidade ainda enrijecida, não partilhava dos sentimentos dos pais amorosos e revoltava-se, atirando-se contra todos, culpando-os da situação em que se encontrava, esquecendo, na sua intimidade espiritual, que somos donos dos nossos atos, artífices de nós mesmos, isto é, herdeiros do nosso "eu".

Enquanto Erika, na fricção das ásperas experiências, na reencarnação que assumiu, sofrendo em si, aprendeu e emergiu; no entanto, Maurício fazia birra para ascender a escala da evolução, como se permanecer no ócio e no engodo fosse felicidade, bem-estar, e ele não sabia o que estava perdendo em tempo, prazer e plenitude.

Bem..., mas enfim, todos nós, no carreiro da evolução, passamos por essas estradas, e muitas vezes preferimos os atalhos escuros às avenidas amplas e de céu aberto.

Maurício teve uma crise de convulsivo choro, atirando-se ao chão e rastejando ante os pais:

— Vejam se eu tenho motivo para ser feliz e viver. Olhem o seu filho a que se reduziu, numa serpente coleante. Hahahaha — clamava. — Por que Deus foi me atingir com esta fatalidade?

Por que não morri? Por quê? Eu preferia mil vezes a morte, o descanso eterno, a ter de vegetar, permanentemente pregado a esta maldita cadeira de rodas. Meu único alento é que ela insensivelmente ouve minhas lamúrias, sem me criticar.

— Filho! — gritam ao mesmo tempo seus pais, tentando ampará-lo, levantando-o do chão, arrasados com a situação.

Salomão e Sofia Venturini, os pais do rapaz, transfigurados, tentam auxiliar o filho, que jazia no chão, fracassado perante si mesmo, acovardado diante da vida. Tentam levantá-lo e colocá-lo, não na cadeira de rodas, mas num sofá confortável. Era uma cena triste. A dor campeava entre eles, não importava a classe social a que pertenciam, ela, sem se intimidar, instalava-se.

Com palavras de encorajamento, tentam acalmá-lo e aliviá-lo da pressão em que se encontrava.

Sofia abraçava-o e o beijava na face, alisando seus abundantes cabelos.

— Meu bambino, coragem, nós o amamos e temos notícias animadoras. Quando estávamos na Europa, recorremos a alguns médicos traumatologistas de renomes e mostramos todos os seus exames. Eles foram otimistas, dando-nos esperança, por isso voltamos para o Brasil tão logo seu pai se desfez de alguns compromissos que tinha acertado lá.

E com as mãos trêmulas retira da bolsa os diagnósticos alentadores que uma equipe de médicos alemães escrevera.

— Mãe — diz Maurício —, não será mais um blefe para arrancar dinheiro de vocês, como aconteceu aqui no Brasil? Não nos estarão enganando com falsas esperanças?

— Ah, Maurício, Maurício, mio bambino! Por que essa descrença doentia? Por que desconfiar de tudo?

— Mamãe, viver uma realidade sem esperança é doloroso, mas, de repente, sei lá, receber uma notícia sem fundamento é muito pior. Prefiro me conformar com o irreversível a me iludir e vir a sofrer novas decepções.

— Querido — diz a mãe —, precisamos tentar, acreditar, quem sabe, com todo esse progresso na área médica, eles não venham a encontrar uma forma de fazê-lo caminhar?

— Tenho dor e muita raiva represada, ódio irracional, e é isso que me põe vivo. Se perder até este sentimento forte que me energiza, o que me sobrará, além de uma resignação doentia? Não, não, não posso passar por mais uma desilusão. Por enquanto... não. Tenho esse direito, o de não sofrer mais uma decepção.

Maurício suava, o porte altivo desaparecera, e ele quedava, meditando. A mãe, sentada junto a ele, no sofá, o abraçava, chorando silenciosamente, e o senhor Salomão caminhava no "hall", de um lado para outro, com a mente agitada.

"Ontem", pensava Salomão, "Maurício deslizava por caminhos largos e felizes, hoje trilha os corredores estreitos da paraplegia."

Capítulo 42

Perseguição espiritual

Maurício apresentava-se vencido, derrotado, fraquejando ante a possibilidade de ver raiar uma esperança no fundo do túnel. Sob infinita amargura, sua alma rastejava no abismo profundo em que se deixava ficar. Em espírito, cavava naquele momento um buraco na cratera de si mesmo e de lá saía sob as chibatadas da realidade que o faziam enlouquecer, mas também um pequeno facho de luz e de esperança vinha-lhe à mente, na crença débil de uma nova possibilidade de voltar a ser e ter, já que ele entendia que não era nada além de uma "coisa".

Tudo isso era observado com mórbido prazer por espíritos maldosos, voltados para as trevas, verdadeiros algozes que, sedentos de vingança, desvairavam de satisfação ante a derrocada iminente do seu inimigo. O grupo era formado por chusmas de viandantes das trevas, cada qual mais mal-intencionado que o outro.

Entre os saltimbancos invisíveis, estava na liderança um negro alto e musculoso, ainda levando grilhões nos pés, lembrança do tempo de escravatura, como um animal ferrado. Ao seu derredor, mulheres esquálidas, de cabelos pastosos, olhos fulgurantes, mas de um brilho doentio.

Outros personagens, dava para se entender, eram mais conduzidos do que exerciam suas faculdades normais de se autoafirmar; odientos como todos, mas sem vontade própria.

Olhando o quadro dramático da família Venturini, gargalhavam de prazer, num riso insano, animalesco, saciando naquela cena o desejo de vingança.

Não riam, ululavam, como verdadeiras feras. Locupletavam-se com o quadro de desespero que Maurício apresentava, porque sua desgraça era a felicidade deles.

Havia entre os dois planos um inter-relacionamento de devedores, comparsas e cobradores. O mal e o bem se enfrentavam na cumplicidade da eternidade.

Nada fica encoberto, escondido do olhar da lei universal, que funciona magistralmente. O infrator e a vítima, por um mecanismo vibratório, acabam se encontrando, cedo ou tarde, no tempo e no espaço. Tudo fica exposto, até os piores crimes perpetrados na calada da noite, sob a luz bruxuleante dos lampiões das ruas. Há testemunhas por toda parte. Em todos os lugares, há olhos observadores atestando as ações de quem quer que seja, e ninguém fica só no mundo, sem a cobertura dos habitantes do mundo invisível.

Os homens podem ficar impunes ante as leis da Terra, porém, jamais eximidos das leis universais, pois elas estão inseridas na consciência, com ou sem testemunhas oculares de encarnados.

Capítulo 43

Quem semeia vento, colhe tempestade

Viviane conhecia e estudava o Espiritismo, que aprendera a amar e aceitar por meio das lições aprendidas e discutidas com seu chefe, doutor Celso, que fez dela uma adepta convicta. No entanto, quando deu com seus contendores, principalmente na pessoa de Maurício, que queria roubar-lhe a filha, desabou, tal como na parábola do semeador contada por Jesus em seu Evangelho de amor:

"Aquele que semeia saiu a semear; e semeando, uma parte das sementes caiu ao longo do caminho; outra em lugares pedregosos onde não havia muita terra; as sementes logo brotaram porque carecia de profundidade a terra onde haviam caído, mas, levantando-se, o sol as queimou e, como não tinham profundidade, secaram...".

Gostou dos conceitos enquanto eles eram teóricos, filosóficos. Deram-lhe ânimo para recomeçar, garra para não desistir no que dizia respeito à sobrevivência, à luta, para não soçobrar no relacionamento familiar, enfrentando as implicações materiais no que dizia respeito à competitividade na vida pela vida. Entretanto, recuou ante o passado que se fazia presente e que pedia perdão, desculpas, para reparar, ou melhor, harmonizar--se, fazendo as pazes com seu antigo algoz, Maurício.

O antagonismo era gritante de ambas as partes, os dois sempre com pedras nas mãos para se agredirem.

André ontem, Maurício hoje, numa árdua recuperação, era certamente o mais responsável, mas que merecia, da parte dela, entendimento para se refazer e, quem sabe, assim, anularem as contendas passadas.

Ele penava numa cadeira de rodas, apesar de ser rico e não precisar trabalhar para sobreviver. O destino o tinha acertado, tirando-lhe a faculdade de andar, isso quando ele estava no apogeu de uma carreira promissora. Era como ter-se tirado um doce saboroso da mão de uma criança mimada, acostumada a conquistar e conseguir o que desejava. Nessa circunstância, Maurício, sob pressão, com o orgulho ferido e a dignidade estraçalhada, estava em condições propícias para refazer caminhos, vencendo-se e vencendo as atribulações adquiridas no ontem pela mente atormentada.

"A reencarnação pertence ao processo evolutivo e não é instrumento de punição divina" — fala Allan Kardec no seu livro A Gênese —; foram os homens que não entenderam o Espiritismo, criando a ideia da reencarnação como princípio de sofrimento. O que sabemos da reencarnação? Sabemos que as relações afetivas criam laços que nos ligam poderosamente, envolvendo-nos num processo negativo ou positivo. Só não sabemos como funcionam esses laços e quais os mecanismos dessa lei, contudo, as relações afetivas não podemos discutir, são marcantes. Isso quer dizer que ódio, amor, inveja, traição, crimes, corrupção, enfim, toda ligação entre nós, na reencarnação, cria mecanismos mentais que nos amarram espiritualmente ou nos libertam, fazendo-nos buscar uns aos outros.

O nosso psiquismo extrassensorial é de uma complexidade inimaginável e, querendo ou não, ele armazena, como num cartão de memória espiritual, toda a nossa vida, imagens, ideias, marcadas por ascendentes afetivos com conotações diferentes, assim que se produzam os quadros de expiações, os processos obsessivos, as síndromes físicas, mentais e emocionais, marcando nosso desejo. E como possuímos causas que desequilibram na nossa intimidade, provocamos nossa própria infelicidade, lógico, temporária, porque inexoravelmente o bem sempre haverá de vencer.

Em toda essa história de encontros e desencontros, acertos e desacertos, Erika era o elo contemporizador dessa antiga contenda grafada a fogo nas profundezas do inconsciente, onde, por ressentimentos, ódios, desconsideradas e incabíveis competições, navegavam todos num mar tormentoso.

A garota de fibra e afirmação possuía uma coragem silenciosa, pois viver com o trauma físico ainda em tenra idade a ensinara a ser forte, a suportar as situações com equilíbrio e a não temer a dor e a adversidade, obstáculos que Maurício, que estava aquém da sua evolução, não entendia.

A jovem era calma, inteligente; além da beleza exterior, possuía também a beleza interior. Aliava a essa beleza, a compaixão e a sabedoria, legado de vivências pretéritas. Quando a corda do rancor pesava de um lado, entre Maurício e Viviane, era ela que mantinha o equilíbrio na balança da concórdia, contemporizando com paciência, amainando a tempestade que tentava se formar. Maurício, sob pressão das árduas provas, não queria filosofar quanto à situação criada por sua irresponsabilidade e montada pelo passado que aparentemente se perdera num abismo profundo; logo, Erika não poderia argumentar, pois seria inócuo como falar com surdos, ou falar em cores a um cego de nascença.

Todavia, sua mãe, que a havia iniciado nos conhecimentos do Espiritismo que lhe ensinara sobre a Lei de Causa e Efeito e a reencarnação, ajudando-a a não desistir da luta, esquecera a lúcida lição que passara à filha. Muitas vezes as duas dialogavam, numa discussão acalorada, em que a filha a perquiria sobre tudo o que ela sabia e aprendera na meninice, nas palestras com o doutor Celso, o doutor Nagazaque e com seu grande amigo e médico de infância, Carlos, sobre liberdade, responsabilidade, presente e passado. Durante as reuniões, ela, na sua "inocência" — o corpo é cândido, o espírito é antigo —, bebia as informações sobre as quais os amigos da família filosofavam com lógica e argumentos profundos.

— Mãe — dizia na tentativa de argumentar —, raciocine comigo, quantos amigos e admiradores eu tive, alguns até irresponsáveis, como aquele que queria se suicidar porque eu não havia cedido aos seus caprichos. Seus defeitos eram internos e profundos, arraigados à personalidade presente, e a senhora sabia e não os condenava, ao contrário, ficava com pena de seus conflitos e de suas emoções desencontradas. Lembro que conversava com eles e os orientava, muitas vezes, tornando-se uma mãezona em substituição às mães ausentes de filhos órfãos de pais vivos. No entanto, com Maurício, não há entre vocês, e da sua parte, mãe, esforço para que se possa ter uma conversa sem que ambos fiquem na defensiva. Ele, até compreendo, quanto a você, eu me assombro e chego a não reconhecê-la.

Ouvindo a filha, naquele colóquio coerente e verdadeiro, Viviane transpirava abundantemente, se agitava, colocava várias vezes a mão nos cabelos, como para afastar recordações tristes, lembranças que queria sepultar no inconsciente, mas enfim levantava a cabeça altiva, sua silhueta magra e esguia, inquietava-se, como se não soubesse explicar aquele sentimento de aversão que sentia pelo rapaz, aquela batalha íntima e, trêmula, dizia:

— Não sei como explicar esse sentimento horrível que se aninhou dentro de mim. Por Deus, minha filha! Nunca senti isso tão forte e tão arrasador em toda a minha vida, e afirmo-lhe que é mais forte do que você pode avaliar. Quando esse menino se aproxima de você e de nossa família, sinto que estamos em perigo, é como se ele fosse nos roubar algum tesouro precioso, e, ao vê-lo, sou possuída de pânico e pavor. Não confio nele. Muitas vezes me pergunto do porquê desses sentimentos pequenos que me assaltam, mas que me envolvem, me dominam. Sua presença me inspira pavor, a impressão que tenho é que estamos na iminência de um desastre, não consigo me controlar, está fora do meu domínio. Quando o vejo, sinto-me ligada a coisas que me são desconhecidas, emoções nunca sentidas antes. Esse rapaz, depois que entrou em nossa vida, despertou em mim emoções que eu não sabia que possuía, tal como ódio, rancor, ressentimento, culpa. Você há de convir que estou passando por momentos conflitantes, e nem todo o conhecimento que tenho do Espiritismo consegue dar-me equilíbrio para avaliar a situação com critério e bom senso. Ah, minha filha, estão fora do meu controle essas emoções que eu julgava não possuir. A presença desse menino me deixa irracional. Quando dou por mim, estou no mesmo padrão vibratório negativo em que ele sempre está, só que eu... nossa! Querida, eu... o odeio com todas as forças do meu ser e desejo, do fundo do meu coração, que ele... morra, desapareça, suma e nos deixe em paz.

— Mãe, mãezinha — diz Erika assustada, amaciando a voz —, por Deus, nunca a vi assim, a pronunciar palavras tão ásperas e comprometedoras. Se estamos realmente nesse pé, concordo que esta aproximação entre vocês tem sido mais danosa e prejudicial do que eu supunha, e vou tratar de me afastar dele por algum tempo, mas quero lhe afirmar com todas as forças do meu ser: amo Maurício e sei por intuição que tenho compromisso com ele. Está aí um problema cuja incógnita eu não estou preparada para equacionar.

— Perdoe-me, filha, mas isso estava entalado na minha garganta e na minha emoção, e, se não lhe falasse, certamente transformaria tudo isso em doença orgânica. Eu lhe peço, querida, me dê um tempo para conseguir entender e elaborar tudo isso e me encontrar, nesse vulcão de pensamentos desencontrados em que me acho envolvida. É um emaranhado de sentimentos e emoções doentias, e só o tempo aliviará minha tensão. Se você me permitir ficar sem a presença deste rapaz, que, confesso, me é odiosa, talvez eu venha a entender o que se passa dentro de mim e trazer de volta a Viviane com que você estava acostumada a conviver.

A filha abraça-a com ternura, beijando-lhe a face alterada e aflita, concordando que era necessário um tempo para a mãe se reencontrar e buscar o elo perdido do emocional antigo.

— Mamãe, há um trato entre você e mim, e ele é inviolável, que é a ajuda mútua. O Maurício eu resolvo mais tarde, o que está em pauta agora é o seu retorno às raízes, o seu referencial como identidade, isto é, a sua personalidade. Primeiro colocamos ordem na casa e depois poderemos ajudar os outros a colocar ordem também na deles.

Capítulo 44

Buscando ajuda

Preocupada com os eventos recentes, Erika vai conversar com o doutor Moreira sobre o problema de Maurício. Depois de ouvir com atenção o que a garota contou, o simpático médico narra um caso *sui-generis* que presenciou. Um casal que tinha um filho único procurou a casa espírita, em estado lastimável, por ver o seu garoto de quatorze anos se transformar, sem explicação, em um ser animalesco.

Fernando, o nome do garoto, nos seus áureos anos de adolescência, menino educado, acessível, transformara-se, em pouco tempo, em uma criança rebelde, obstinada, enclausurando-se no seu quarto. A princípio, os pais entenderam que o filho estava passando por uma crise existencial própria da adolescência, em que a rebeldia era a tônica. Ele se abstinha da higiene diária, não escovava os dentes, não tomava banho e, ao escolher o que vestir, optava e insistia pelas roupas velhas.

Encaminhado a um psicólogo, este não detectou nada que não estivesse no contexto normal, isto é, não tinha tendências paranoicas nem esquizofrênicas, e suas esquisitices foram catalogadas como crise de idade, passagem de uma etapa cronológica emocional para outra mais adulta, questionadora, causando com isso disfunções comportamentais em razão de uma crise de adolescente.

Passou-se um ano, mais outro, e as esquisitices foram além da conta e se acentuaram no emocional. O físico foi-se caracterizando por uma deformidade assustadora; passou a dispensar os talheres e a comer com as mãos; a fala foi se transformando em sons guturais, murmurando palavras desconexas; o maxilar salientou-se das mandíbulas, apresentando a forma de um chimpanzé. Quando o quadro se aprofundou, os terapeutas entraram em contradição, fizeram uma junta médica em que cada um dizia uma coisa e não chegavam a conclusão nenhuma.

Foi quando amigos do casal lembraram de encaminhá-lo a uma casa espírita.

E completa o doutor Moreira:

— Minha filha, estivemos à frente de um caso de zoantropia, que é uma situação em que o doente se julga convertido em animal, e, segundo Gúbio, instrutor espiritual de André Luiz[7], temos de tomar por base, acima de tudo, os elementos plásticos do espírito do reencarnante. Muitos espíritos com-

---

7. Nota da médium: *Libertação* — espírito André Luiz psicografado pelo médium Francisco Xavier — 28. ed. Rio de Janeiro: FEB, 2005. Cap.20.

Enquanto houver amor, haverá esperança   259

prometidos com o crime e a corrupção abusam dos poderes da inteligência, fazendo pesar sobre eles uma cota pesada de responsabilidades, continuando sintonizados com os seus sócios de desencontros e, por que não dizer, de crueldade, causando esse tipo de deformidade. Em semelhantes quadros, observamos dolorosas situações patológicas e mentais, nos manicômios, em que centenas de pacientes, sob a influência da ação hipnótica, de forma intensiva, imitam costumes, posições e atitudes de animais diversos. Esse menino, paciente da nossa casa, teve uma crise convulsiva que o levou ao hospital de saúde mental e de imediato conduzido ao eletrochoque. A pobre criança não dormia, não falava e chorava sem parar. Apareceram marcas de pancadas com edemas no rosto e no corpo inteiro sem que ninguém o molestasse. Não parecia mais um ser humano: a entidade espiritual que dominava seu perispírito[8] lhe transmitia sua configuração espiritual, e ele, sob a fascinação que é uma ilusão produzida pela ação direta do espírito sobre o pensamento da pessoa chegando consequentemente a possessão, mais conhecida como subjugação que seria a dominação do encarnado, podendo ser temporária e intermitente, por isso adquiriu a forma de macaco. Contudo, minha filha, essa degradação perispirítica só aconteceu porque ele sintonizou com os parceiros do passado, e aceitou-lhes a influenciação mental sem resistência, deu-lhes guarida, numa simbiose profunda e magnética. Era de ver-se, querida. As mãos, dobradas, como se fossem patas, tentavam agredir todos os que se aproximavam, e, quando não o conseguia, ele tentava morder, numa fúria

---

8. Nota da editora: Perispírito — substância semimaterial que serve de primeiro envoltório para o Espírito e liga a alma ao corpo físico. *O Livro dos Espíritos*. Cap. 2 questão 135 — Petit Editora.

animalesca. Outras vezes, coçava a barriga, como os macacos. Sua força era superior à de dez homens.

Mas Deus é todo misericordioso e dispõe onde o homem impõe. — Continuou o médico: — Nós, acreditando em Sua infinita misericórdia, fizemos um trabalho, a longo prazo, com fluidoterapia, que é um passe mais específico que vai agir diretamente na estrutura do perispírito e no que esteja afetando a vitalidade e funcionalidade do organismo da pessoa. Também fazemos leituras do Evangelho no Lar, além de dispor de muito amor e compreensão ao doente, dessa forma fomos conquistando seus parceiros espirituais, conscientizando-os de que eram seres imortais, criações divinas e que viveram até aquele instante na escuridão, mas que estavam destinados para no futuro serem felizes. Conseguimos afastá-los do garoto e, com isso, o menino foi readquirindo sua forma normal, substituiu a fúria pela mansidão, os gritos guturais pela fala normal, as mandíbulas foram perdendo o aspecto grotesco, e ele voltou a ser o filho daquela gente culta, mas ignorante de espírito. O rapaz frequenta atualmente as aulas da evangelização juvenil e é o meu pupilo preferido. Sempre que posso, tiro uma hora do meu tempo para conversar e ensiná-lo sobre os problemas do ser, da dor e da vida.

Depois de conversarem sobre tão interessante caso, Erika expõe ao médico e amigo os problemas que a tinham levado a pedir sua orientação. Ele a ouve com atenção e responde, carinhoso:

— Tudo o que sabia lhe ensinei, está na hora de você colocar em prática o que o Espiritismo lhe oportunizou. Ame, ajude e esclareça. O resto virá por consequência. Hoje você não é mais aluna, considero-a mestra. Aprenda e ensine, siga em

Enquanto houver amor, haverá esperança   261

frente acreditando em Deus. Quanto à sua mãe, está vivendo, além de um processo obsessivo, um retorno ao passado, contra o qual deve lutar e vencer com a ajuda sua e de Alex, e também minha, porque participei da vida de vocês, algumas vezes, em outras eras.

E olhando o relógio:

— Tenho um encontro marcado para as dezoito horas, está quase na hora. Em outra oportunidade falaremos no assunto. A propósito, tenho uma notícia boa para lhe transmitir: Nagazaque e a esposa adotaram sua protegida, e Ana Maria se afeiçoou tanto a eles que o casal está embriagado de felicidades. Lembranças aos seus. Sempre que você quiser, eu a ouvirei, apesar de saber que não precisa mais dos meus conselhos. Já conhece o seu caminho, siga-o.

Capítulo 45

Sonho ou realidade?

O rapaz de gênio difícil parou de frequentar a clínica, deu-se alta por conta e risco. Não via nas terapias que fazia havia um bom tempo nem sinal de melhora, isto é, na visão dele, pois queria tudo para ontem, na ânsia de assumir o controle de seu corpo e voltar às pistas de corridas, sua obsessão. Não acreditava em nada além da matéria. Decepcionado, não sai mais, não faz nenhum exercício e dispensa os fisioterapeutas contratados pelo pai, aliás, coloca-os para correr e não sai do quarto. Seu temperamento difícil o tornava mais arredio. Mas a Espiritualidade não abandona ninguém, e seus benfeitores apostavam na sua mudança, era questão de tempo e de esperar. E valendo-se da misericórdia divina afastaram por algum tempo seus algozes dando-lhe trégua na perseguição. Assim, em desprendimento espiritual com o consentimento de seus benfeitores, Maurício começou a se emancipar quando deixava o corpo físico durante o sono, levantando como se estivesse em plena atividade de antes. Era a folga de que necessitava para se autoauxiliar e se fortalecer para os embates que ainda teria de enfrentar. Logo que dormia, deixava o corpo físico relaxado para a recuperação que se fazia necessária, dentro do curso da normalidade, passava para a outra dimensão e adquiria a mobilidade natural de que o espírito era portador, livre das amarras da matéria. Esquecia a paraplegia e vivia uma experiência totalmente diferente.

Quando voltava dessas excursões noturnas, pensava que ia dormir, mas era quando acordava para a dura realidade de que tudo o que fizera na liberdade da mobilidade de seus membros fora apenas sonho, ilusão, desejo centrado em seu inconsciente.

Uma transpiração fria o acometia quando sentia que suas pernas não obedeciam ao comando do cérebro, e ele, na confluência alternativa da realidade e da ilusão, tomava conhecimento da vida presente e dura que o aguardava. E então gritava, em desespero, pedindo socorro, os sons morrendo no próprio quarto à prova de barulho, conquista da modernidade arquitetônica. Contudo, ele precisava ir até o fundo de si mesmo para regurgitar tudo o que estava em putrefação para poder se livrar de seu algozes para mudar. As experiências nesse campo de reforma íntima têm dessas peculiaridades. E é muito comum numa prova áspera se estabelecer uma crise existencial ou uma catarse para aliviar os problemas interiores do inconsciente centrado no corpo perispiritual.

E somente ele protagonizava seu pedido de ajuda, no quarto totalmente equipado com sofisticados aparelhos que, naquele momento, se tornavam inócuos, pois o que ele queria mesmo era uma companhia humana para consolá-lo e ampará-

-lo neste instante de desesperação. Entretanto, seu mentor, há muito esquecido, jamais arredou o pé de perto do seu pupilo. Charles, que em outros tempos assumira o compromisso de ajudar Maurício, estava ali do seu lado e não o abandonava. Ele fazia parte do grupo espiritual de Adelina e Juliana, entidades do bem que o cercavam e transmitiam energias benfazejas na tentativa de fazê-lo acordar desse "pesadelo". Com inspiração dos amigos espirituais, ele então se conectava com o espírito esclarecido da doce, serena e gentil Erika, que, sem ser piegas, de olhar terno, no silêncio da sua coragem, incentivava-o a ser forte para superar-se superando a prova. Ninguém vive uma prova ou uma expiação sem armistícios.

Com os olhos cegos pelas lágrimas, Maurício batia com as mãos fechadas no travesseiro, sem esperança, sem lume, porque sua alma, no cadinho da evolução, resistia a uma ascensão no patamar das conquistas.

Era nesse estado lamentável que as serviçais o encontravam no seu confortável quarto, e, ao vê-lo decomposto, corriam a informar a dona da casa.

Quando Maurício dava com a mãe no seu quarto, desvairava em pranto insano, gritando:

— Eu quero morrer, mãe, desaparecer. Meu Deus, diga-me, por quê? Eu queria nascer numa favela, mas ter as minhas pernas para correr, fosse para que lugar fosse. Mãe, me responda, por que fui escolhido? — lamentava-se em pranto convulsivo.

Dona Sofia, sem resposta, acompanhava-o em choro silencioso, passando as mãos pelos abundantes cabelos, sem nada dizer. Aquela situação já estava se tornando um hábito.

E, mesmo constrangidos, Sofia e Salomão tiveram de ter uma conversa séria com o filho. Mesmo sendo herdeiro de uma fabulosa fortuna, ela de nada lhe valia, pois não o colocaria de pé como ele queria.

Salomão Venturini senta-se na beira da cama com a fisionomia tensa:

— Precisamos conversar, filho. O que significa isso? Essa vontade de acabar com sua vida, segundo me falou sua mãe. Não! Vamos mudar sua rotina.

Salomão estava sob a proteção dos bons espíritos coordenados pelo mentor maior Charles. E, firme, falou sem agressão, mas com autoridade de pai. Erika, que havia pedido na casa espírita assistência para Maurício, foi atendida. O grupo socorrista estava dando apoio à família e auxiliando as entidades adversárias em sessão de desobsessão, alguns já estavam em condições de ser levados para atendimento mais intensivo na espiritualidade e assim poder se desligar do antigo algoz. Maurício precisava buscar em si novas paragens.

Junto deles, Sofia, assustada, emudecida, mexendo com as mãos num sinal de insegurança, os olhos enceguecidos pelas lágrimas que teimavam em cair, aguarda o diálogo difícil que o seu marido teria com o filho.

Maurício, com os olhos semicerrados, pois não aguentava o sol que penetrava na janela de seu quarto, enfraquecido, retruca, raivoso:

— Não vou responder, se quero ou não quero viver mais. Me deixem em paz. Sou maior de idade e não tenho de dar satisfação a ninguém.

— Mio bambino! — Amolece Venturini. — Não posso ver o meu filho se destruir sem nada fazer. Não vou ficar de braços cruzados enquanto você se destrói.

— Destrói? — grita Maurício. — Mas que conversa é essa? O senhor quer dizer destruir o que sobrou de mim? Eu lhe garanto que não sobrou muita coisa.

O momento era tenso e de muita dor, os três compartilhavam um problema para o qual não viam solução a curto prazo.

— Pai, o senhor quer saber mesmo por que eu me intoxico de sonífero? Pois eu lhe digo, não vou lhe satisfazer a curiosidade!

— Mas, meu filho, isso é uma insanidade e, você sabe, é anormal. Não é normal ficar enfurnado nesse quarto sem ver a luz do Sol. Precisa retornar à fisioterapia, às medicações e a ver a luz do Sol. Já sabe, não vou ficar de braços cruzados, enquanto o vejo se destruir. — E continua com a voz embargada de emoção: — Se você não tem as suas pernas para se locomover, tem as minhas. Abdico da empresa, passo o comando para os executivos, mas não vou perdê-lo para um acidente qualquer. Filho, vida é vida, e estamos aqui para sofrer, para ser, para amar e para sentir. Eu não entendo as coisas de Deus, mas Ele lá tem suas razões. Toda a minha vida foi rodeada de lutas e, apesar das adversidades, venci-as todas. As lutas a que me refiro foram no campo das competições materiais e, nesta sua, não me darei por vencido. Perdê-lo, aí, sim, filho, considerar-me-ia um fracassado, porque, de todas as coisas que possuo, você é a única pela qual vale a pena lutar. Eu não vou perdê-lo porque, afinal, você não está doente e não é doente.

— Pare, pare, pai, então eu não sou doente? Mas o que o senhor acha que eu sou, sadio? Olhe só, o doutor Salomão Venturini dando uma de médico, hahaha, médico cego, pois não sabe nem diagnosticar o que é saúde e o que é doença.

— Bambino, bambino, eu sei, sim, diferenciar, e vida é vida, e estamos aqui por qualquer motivo, para viver. Repito, sofre-se, ama-se, sente-se e morre-se, mas tudo a seu tempo, e nós estamos aqui para lutar, apesar de não termos muitas respostas, mas que há motivo, isso há.

— Pare, meu pai, com esse papo furado, o que eu queria mesmo eram minhas pernas em movimento.

Ao que o pai argumenta:

— Mas como não está como queria, então mudemos nossos programas para a vida em que vive, ou vai desistir? Não, não é da têmpera dos Venturini renunciar a qualquer empreitada. Esta herança pertence aos nossos ancestrais e começou com os meus "nonos", e eu não concebi um filho frouxo, ou você é frouxo, Maurício?

— Se me perguntasse antes do acidente, eu teria uma resposta negativa, agora prefiro não responder.

— Fim de conversa. A partir de hoje vou colocar ordem nesta casa. Hora de dormir, hora de levantar. Está bem assim?

— E se eu não obedecer?

— Já está decidido, bambino, para o seu próprio bem, vou colocá-lo numa clínica particular, que o vigiará vinte e quatro horas, sem descanso. Então, estamos conversados?

— O senhor não me dá escolha.

— Bambino, se você desistiu da luta, eu não vou desistir. — E virando-se para a mulher: — Vamos, deixemo-lo a sós, para ele colocar as ideias no lugar. Como se lembrasse de alguma coisa, para no meio do caminho: Lou telefonou, e nós a convidamos para almoçar à beira da piscina.

— Pai — argumenta Maurício —, eu não quero ver ninguém, quanto mais a Lou.

— Bem, filho, o convite já foi feito, esperamos que no mínimo você se porte com cavalheirismo. Vamos, Sofia, deixemo-lo descansar, preciso dar uns telefonemas.

Capítulo 46

Encontro com seus adversários

A partir daquele dia de entendimento com o pai, Maurício foi obrigado a mudar de rotina. Tinha de levantar cedo para ir à clínica, tomar as medicações prescritas pelos médicos, almoçar junto com os pais, tomar banho de Sol à beira da piscina, alimentar-se devidamente e levar uma vida saudável, apesar de sua condição. O pai não lhe dava trégua, programou-se para passar a maior parte do tempo com ele. Inventava passeios inusitados, enchia-lhe o tempo, absorvendo-lhe as horas com entretenimentos e assuntos ligados às suas empresas.

O rapaz se esforçava para acompanhar o pai, agradecido pela sua persistência em fazê-lo assumir a nova vida, não se resignando, mas lutando, adaptando-se, buscando novos interesses.

Muitas vezes Sofia os acompanhava, contudo Salomão preferia ficar a sós com o filho, para lhe dar tempo integral de sua pessoa.

Mas a hora cruciante para Maurício era quando chegava a noite. Sem a bengala dos soníferos, o sono custava a chegar, e quando chegava estava entremeado de pesadelos e sobressaltos, deixando seus nervos à flor da pele.

O grupo invisível que o acompanhava e não lhe dava tréguas foi recambiado para posto de socorro na espiritualidade, para ser atendido nas suas necessidades desligando-se paulatinamente do rapaz. Todo espírito tem também, mesmo os perseguidores, uma segunda chance, embora uns mais renitentes não o deixassem.

Maurício já não dispunha da liberdade no desprendimento. Cada vez que, pelo sono, ele desejava viajar para outra dimensão com seu corpo astral, era impedido por alguns adversários que não queriam mudanças, não estavam prontos para uma nova vida de perdão e esperança, mas seus benfeitores, principalmente Charles e o grupo que lhe dava assistência, já viam no fundo do rapaz benfazejas modificações de que nem ele tomava conhecimento.

Meio inconsciente, muitas vezes perguntava:

— Quem são vocês? O que querem de mim? Eu... — gaguejava — não posso caminhar, estou preso. Meu Deus, o que é que está acontecendo comigo?

A turma investia, mas não como antes, estavam perdendo a força. As transformações se faziam porque ele aos poucos perdia a arrogância e a prepotência e pedia ajuda a Deus. Compreendia que acima dele havia um ser Maior — Deus nosso pai.

Apenas uma vez eles investiram com força e o maltrataram, mas os amigos do bem lá estavam para socorrê-lo. Entretanto, o bambino dos Venturini gritava, pedia socorro, suplicava piedade.

— Meu Deus, quem são vocês? O que foi que fiz para me tratarem assim? Eu não os conheço.

Mas os seus inimigos não confiavam nele e, desconfiados da sua sinceridade, pediam conta de seus atos de vidas passadas.

— Socorro, acudam-me! Estou sendo assaltado, ajudem-me! Socorro, meu Deus, não me lembro do que me acusam. E num lapso de tempo lembrou-se de Erika, como se ela fosse um anjo velador.

No mesmo instante ela surge, trazida pelos amigos espirituais em seu próprio desdobramento espiritual, para socorrer o rapaz. Ele não sabe de onde, e, sob uma aura luminescente, com a presença deles, os arruaceiros saem em disparada, assustados, desaparecendo na escuridão.

Maurício, estupefato, olha a moça, por quem clamara, e não entende nada. Então Erika lhe diz com muito carinho:

— Venha, levante-se daí. É o seu corpo que está impedido de andar, não o espírito.

Atendendo ao chamado, Maurício desprende-se do casulo carnal que o mantinha retido e galga o espaço abraçado na jovem, junto com sua falange tomando o rumo do céu, sem saber para onde eles o levavam. Entretanto, a leveza de que se achava possuído dava-lhe satisfação e alegria, e ele gritava como uma criança em pleno folguedo.

— Eu não estou paraplégico, era apenas um pesadelo, por Deus, era um sonho ruim!

Maurício tinha muitos encantos pessoais, apesar de estar retido em uma cadeira de rodas. Possuía tendência à literatura e, mesmo tendo crescido numa sociedade alienada de estímulos para conservar a cultura do passado, absorvida pela tecnologia que a embriagava, ele cultivava o hábito da leitura.

O gosto pelas corridas, sua paixão, não invalidava seu outro lado. Nas folgas dos treinos lia Guimarães Rosa, Machado de Assis... Também cultivava o gosto pela poesia e sabia trechos longos de seus preferidos, como "O Navio Negreiro", de Castro Alves. Com o acidente, abdicou de tudo para se concentrar na peça injusta que a vida lhe pregara, peça que ele não queria admitir.

Charles vinha acompanhando os dois jovens, bem como Viviane e Alex, fazia muito tempo, tornando-se assim o benfeitor de todos eles, e nunca ficara de braços cruzados vendo seus pupilos na indecisão. Quando estavam sob testes, era para vencer, não para serem reprovados. Muitas vezes a jovem, desacorçoada com as atitudes revoltantes do rapaz, magoada, pensou em abandoná-lo, apesar de amá-lo.

Viviane, que havia se comprometido a conciliar-se com seu antigo adversário, quando do envolvimento da sua filha com Maurício, recusou-se, e a antiga aversão, que jazia sepultada no inconsciente, voltou à tona com força e determinação.

Ela não suportava a sua presença, e a experiência reencarnatória de recuados tempos tomou corpo a ponto de Viviane ter confusões de identidade na personalidade atual, quando se encontrava junto dele. A personalidade da encarnação presente fragilizava-se ante a emersão da outra, tomando conta de seu consciente atual. Nesses momentos de confusão, ódio e rancor, ressentimentos e mágoas tanto como medo e solidão tomavam conta de seu ser, prejudicando a programação que se comprometera em desenvolver antes de reencarnar.

Era por essas circunstâncias que Charles, o doce amigo de ontem, arregimentava forças e equilíbrio para o grupo a fim de salvar o plano de reconciliação e progresso de seus pupilos, que viviam a tentativa de uma fuga dos compromissos assumidos.

Outrora, na espiritualidade, depois de muitas perseguições e lutas, o grupo havia sido recambiado para uma colônia de recuperação, onde todos foram tratados, educados e disciplinados, preparando-se por um longo tempo para descerem à atmosfera terráquea, para novas reformulações e aprendizagem.

Nasceram em famílias prósperas e de classe média para terem oportunidade de acesso ao estudo e à educação, tendo assim condições de, com a formação e a inteligência semeada de informações, vencer os obstáculos que teriam de superar.

Educação, cultura e conhecimento da espiritualidade dariam a eles um sólido patrimônio para ressarcir antigos comprometimentos e, ao mesmo tempo, desenvolver suas potencialidades, ascendendo na própria evolução, crescendo para obter plenitude, ajudando-se e ajudando o mundo a se transformar.

Maurício, Viviane, Alex e Erika construíram ideias e palavras no mundo espiritual, entretanto esqueceram de criar ação em torno delas quando encarnados.

Nasceram com liberdade de expressão para viver e falar com liberdade, sem preconceitos que tolhessem o seu modo de agir. Enquanto tudo correu bem, sem incidentes, foram aprovados nos testes, mas, na hora de usar a liberdade, no sentido de provar a si mesmos os compromissos selados, somente Erika possuía pontos positivos, em detrimento dos demais, para reatar laços de amizade entre Maurício e sua mãe.

Capítulo 47

O apelo do amor

Era o último ano de Medicina. Como prometera à mãe, Erika afastara-se por algum tempo de Maurício. Seu coração chorava de dor por não poder auxiliá-lo de perto em suas crises existenciais. Ele, orgulhoso, sentindo o esfriamento na relação, também quedou-se na aparente indiferença, daí, todas as atitudes negativas que, agora, eram presenciadas pelos pais.

Contudo, o afastamento deles teve um ponto positivo: aproximou mais o rapaz dos pais, com quem, de certa forma, ele tinha reservas.

Espírito voluntarioso e possessivo, não perdoava aos genitores terem-no, muitas vezes, abandonado aos cuidados de uma babá para empreenderem viagens de negócios ao exterior. Nesse intervalo do namoro, seus pais o reaproximaram de Lou, sua antiga e fiel namorada, que mantinha esperança de reconquistá-lo e, quem sabe, realizar o seu desejo de com ele casar.

O rancor que Maurício tinha por Viviane permaneceu intacto, apenas quieto por não vê-la nas cercanias. O sentimento não fora controlado muito menos eliminado de sua vida; ao contrário, sentia que o afastamento da estudante tinha alguma coisa a ver com Viviane.

Após a conversa séria com seu pai, Maurício optou por voltar à clínica especializada na qual Erika exercia Medicina como voluntária, mas evitava vê-la.

Era paparicado por Lou, por Sofia e pelo velho Salomão, que proporcionavam a ele momentos de verdadeira descontração, apenas eclipsada pelo desejo do pai em levá-lo ao exterior, para tentar novas técnicas na área de sua deficiência física.

Maurício tornara-se inflexível. Decidira ficar nas mãos dos médicos do Brasil e achava perda de tempo ir ao estrangeiro com falsas promessas acabando em falsas esperanças.

Muitas vezes, no seu quarto, na solidão que se impunha, ficava a lembrar, com melancolia, das doces e animadas palavras da medicazinha — como a chamava:

"Maurício, saia do lugar de vítima, valorize-se, porque nem tudo está perdido. Queira ou não, somos imortais, e algum dia alçaremos voos indescritíveis rumo à outra dimensão, nosso verdadeiro habitat, isto é, a vida espiritual. Meu amor — dizia, ao visitá-lo na clínica —, quero ficar com você, desde que me receba, não para participar do seu mau-humor ou da sua agressividade, meu sentimento quer ser receptivo em outra onda, com aquele alimento que só os corações humanos conseguem sentir: amor, simplesmente amor, energia solar que funde as almas no mesmo foco divino. Meu querido, você é lindo, inteligente, charmoso, eu diria até que, quando quer, fica cativante, isto é, quando não está de mal com a vida. Se me permitir, sei que posso ajudá-lo muito mais do que você imagina, pois o conheço profundamente."

Maurício lembrava daqueles momentos com um pouco de exasperação, mas com muita emoção, como se um filme repetisse os diálogos calorosos e ardentes que entretinham quando estavam juntos. A emoção alterava-se de forma desigual enquanto recordava; a imaginação a correr, e o pensamento, como uma tempestade, mostravam imagens, sons, os dias felizes e atormentados que vivera junto com ela, cuja imagem estava gravada em sua mente, e ele punha-se a replicar:

"Erika, eu... resisto muitas vezes com toda a força que me acho capaz, mas acabo voltando por lugares sem saída. Vultos horrendos me sufocam dia e noite. Há neles cobrança incompreensível. Contas de que não me sinto devedor. Eles... me enlouquecem, acho que estou perdendo a razão. Sinto-me rodeado de muitos, entretanto continuo só, com os meus fantasmas e incompreendido. Querida, veja a incoerência em que vivo: você me entende e me estimula e, não sei por que, às vezes tenho vontade de magoá-la e desprezá-la; entretanto, nunca alguém mexeu tanto com meus sentimentos como você..."

Nessa catarse solitária, o rapaz extravasava toda a sua dor, amava aquela criaturinha miúda e de têmpera forte e amorosa. Queimava por ela, desejava-a como qualquer outro mortal, contudo, reconhecia naquele instante que não queria só o seu corpo perecível, queria também apossar-se da alma generosa, cristalina, sem meios-termos. Seu sim era sempre sim, como seu não era sempre não; não confundia a verdade; ao contrário, alardeava-a, claro, sem magoar, sem ferir ou agredir.

"Quem explica essa dualidade? Amo e odeio ao mesmo tempo a pessoa que elegi para amar. Não posso viver sem ela, entretanto há um lado da minha personalidade que sente prazer em espicaçá-la e maltratá-la. Preciso ler Freud, talvez ele me ajude a solucionar este enigma, do contrário comprovarei que estou irremediavelmente a caminho da insanidade.

A mente, instrumento do espírito, navegava em pensamentos lúgubres e desencontrados, entre odiar e querer, conquanto a inclinação orgulhosa da alma reagisse a uma nova aproximação. Dar um passo para a reconciliação o repugnava, era sinal de fraqueza e de humilhação. Ele, segundo o seu entendimento, tinha, no início da relação, cedido até demais, agora, era a vez dela, se... realmente o amasse.

Ah! Vicissitude, o egoísmo e o orgulho transvestidos de brios e honra, tudo o que as convenções sociais criaram para vestir as paixões. Os gigantes da alma, que se reúnem em exércitos para não perder a primazia de reinar no psiquismo do homem, como a prepotência, o amor próprio, o rancor e os ressentimentos. Estes pseudossoldados são como cupim, destroem a seiva das árvores por dentro sem dar sinal à cobertura externa, quando se toma conhecimento a árvore está podre e morta e nada mais há para fazer.

Ruminando, continuava Maurício no seu quarto solitário, a relembrar e a se justificar.

"Sinceramente, não sei em quem acreditar. Deus? Não, não estou preparado, há muita injustiça junta que a minha razão não compreende. Quantas vezes perguntei a ela se casaria comigo, e ela sempre dizia que sim, mas não com meu fracasso psíquico. E que é que eu sou? Ora, ora, um fracassado. Bem... não adianta eu ficar enfurnado neste quarto e não fazer nada, o jeito é conversar com calma com Lou e explicar que meu coração pertence a outra pessoa e me concentrar para voltar com Erika. Deve haver uma saída para reconquistá-la, afinal, nunca lhe fui indiferente e, se ela falava a verdade, certamente ainda me ama."

Capítulo 48
Reconciliação

Passado quase um ano de afastamento, Maurício se prepara para reatar a relação com sua musa, a cursista do sexto ano de Medicina. O encontro deu-se num dos corredores do hospital.

Ele se aproxima dela de olhar profundo e triste e a cumprimenta. Seus olhos castanhos e sua boca sensual falam de seus sentimentos tórridos, que moviam com as energias da pequena médica, e ela lhe diz:

— Oi, Maurício — E um tanto nervosa: — Como vai? Faz um bom tempo que não nos encontramos.

E ele:

— Não nos encontramos? Ou é você que foge de mim?

— Nós não havíamos combinado ficar longe um do outro durante algum tempo?

Maurício aproxima-se da médica, toma-lhe a mão com sofreguidão e busca os seus olhos com intensidade. E puxando-a para perto de si, procura seus lábios e a beija, tentando dizer com esse gesto que o amor continuava vivo, forte, e que precisava dela.

E num repente, por entre os cabelos de Erika, lhe sussurra:

— Preciso de você, se animaria a viver comigo para sempre embora sabendo que tenho deficiência?

Erika, rindo, diz, sussurrando:

— Claro, por que não? Mas nem tudo se resume em viver uma vida a dois. Eu me casaria sim, desde que realmente você me ame como eu o amo.

E nesse convívio harmônico as palavras saíam certas pela boca de Maurício, acostumado a zombar de tudo.

Talvez fosse essa realmente a primeira vez, em todo esse tempo de relacionamento, que eles se entendiam sem crítica e sem preconceito. Por fim, o amor venceu as barreiras do inadmissível, do passado de ações menos dignas e de coisas não ditas, mas muitas vezes pensadas.

Maurício, observando-a, achou-a mais bonita, mais mulher. Suas feições bem definidas deixavam transparecer uma mulher em plena mocidade, totalmente transformada em adulta, tanto mental como fisicamente.

O dia acabou com muitas promessas. Novas propostas para um amanhã de expectativas positivas.

E foi assim que presente e passado fundiram-se num saldo positivo, de fato: "O amor cobre a multidão de pecados"[9].

A vida... Ah, a vida, primeiro é a química que atrai os parceiros, o que na realidade é a lembrança de terem experienciado antes a mesma relação. A vida, afinal, é um estágio na atmosfera carnal, e o homem se move com o material que ela lhe fornece.

---

9. I Pedro, 4:8.

Antecipadamente escolhemos nossos papéis quando reencarnamos, mas o que muitas vezes nos assusta é como vamos desempenhá-los nas personagens que envergamos.

Quando nascemos, a nossa esperança está em sairmos vencedores nas refregas ou derrotados nas lutas, esmagados e falidos ante os obstáculos e os impedimentos. Muitas vezes, em vez de duplicarmos os talentos que Deus nos concede, fazemos como o mau trabalhador, sepultamo-los e perdemos a oportunidade de aumentá-los.

Maurício e Erika, após aquela reconciliação, passaram dias agradáveis e deliciosamente imprevisíveis. As amarras do passado haviam se soltado, ambos não se negavam a expor-se às emoções fortes de que se achavam tomados.

Depois daquele banho de anfetaminas naturais, o rapaz afrouxou o seu inconformismo. Seus olhos, dantes escuros e turvos como um poço sem fundo, tornaram-se menos duros e mais iluminados. Seu rosto brilhava com algum júbilo interior, que o gratificava. Compartilhando as mesmas energias e emoções de Erika, esforçava-se para ser uma boa companhia para ela e para os amigos. Diga-se de passagem, mérito da garota, que não dava trégua à recuperação mental, equilibrando-o física e espiritualmente.

Depois da reconciliação, quem sabe tivessem feito as pazes espiritualmente... Eram vistos abraçados e beijando-se carinhosamente por onde andassem, ele sem preconceito de ser por ela empurrado em sua cadeira de rodas, perdendo o complexo de inferioridade.

A jovem havia plantado no coração dele o amor, e este parecia que adquirira raízes profundas, e a sua seiva, permanente como a linfa de um rio, os dessedentava a ambos.

Viviane, após muita indecisão, trabalhou-se sobremaneira para suportar a presença de Maurício, apesar de muitas restrições.

Com o acompanhamento assíduo do doutor Moreira, a paciência de Alex e os tratamentos espirituais na casa espírita, ela lutou contra aquele passado que não existia mais, a não ser em seus arquivos, e que ela pessoalmente teria de eliminar, pela tolerância e pelo conhecimento que possuía do pretérito.

Finalmente, aos poucos, foi vencendo os sentimentos agressivos que se apossavam dela quando dava com os olhos nele.

A princípio, reprimia-os, comprimindo as sensações desconfortantes. Mais tarde, sob atendimento desobsessivo, sob orientação de amigos espirituais, foi paulatinamente disciplinando a aversão que tinha por ele.

Graças ao amor incondicional de Erika, que amava a ambos, as energias refratárias foram amenizadas, embora não totalmente eliminadas.

O melhor de tudo o que estava acontecendo foi a aceitação de Maurício para adentrar a casa espírita. Passados alguns dias ele pedia à garota para levá-lo, queria conhecer como funcionava aquele lugar que Erika tanto amava e de que tanto falava. Lá chegando foi recebido por Celso, que havia sido antecipadamente avisado pela garota. Ela queria que seu amado fosse atendido por aquele bom homem que tinha resposta para muitas situações que ela vivera e tinha certeza de que a sua bondade e sinceridade conquistariam o seu amor.

Ao lá chegarem, estava Celso vestido esportivamente assistindo uma criança da evangelização que, peralta, tinha se machucado. Ao vê-los, deixou a menina aos cuidados de uma evangelizadora e se dirigiu aos dois, que, de longe no salão de atendimento ao público, o esperavam.

Feitos os cumprimentos de praxe, Celso os conduziu para uma saleta de Atendimento Fraterno e entabulou uma amigável conversa que envolvia questões ligadas ao Espiritismo e às tarefas básicas de um centro espírita. Ficaram lá por um longo tempo. Maurício era o perguntador sobre os postulados do Espiritismo, como reencarnação, comunicação dos espíritos, obsessão, pois passara por isso de uma maneira assaz dolorosa e não se conformava em não saber do porquê daquela situação que quase o deixou louco.

Ao que Celso respondeu com imensa paciência:

— Meu amigo, tudo a seu tempo, você está me bombardeando de perguntas para respostas rápidas, mas não é assim que você vai assimilar uma doutrina humanista mas de questionamentos muito sérios e de respostas criteriosas, muita vezes longas. Para princípio de conversa, a Terra não é o único planeta habitado, mas sua categoria é dos mundos de provas e expiação. Razão porque aqui vive o homem a braços com tantas misérias tanto morais, intelectuais, como físicas. Para que na Terra sejam felizes, os homens precisam é que somente a povoem espíritos bons, encarnados e desencarnados, que somente ao bem se dediquem, mas, como tudo, o planeta e seus habitantes tendem a evoluir e chegar a isso que relatei — 'se dediquem ao bem'. — De acordo com os ensinamentos do Espiritismo, o espírito passa por muitas encarnações. Segue-se que todos nós temos muitas existências e que teremos ainda outras, mais ou menos aperfeiçoadas, quer na Terra, quer em outros mundos. Meu caro rapaz, com a reencarnação desaparecem os preconceitos de raças, de castas, pois o mesmo espírito pode tornar a nascer rico, pobre, capitalista ou proletário, chefe ou subordinado, livre ou escravo, homem ou mulher. Se a reencarnação se funda numa lei da natureza, o princípio da fraternidade universal se funda também na mesma lei de igualdade dos direitos sociais e o da liberdade. Você tem curiosidade de saber por que não lembra do passado. O véu que encobre as lembranças do passado pelo esquecimento é ainda a misericórdia de Deus nos dando oportunidade de um novo começo. Mas deixe-me pegar *O Livro dos Espíritos* e ler para você a questão que o elucidará mais sobre o esquecimento do passado.

Pegando o livro, lê a Questão 392: — Por que o espírito encarnado perde a lembrança do seu passado? Veja só agora a resposta: "O homem não pode nem deve saber tudo. Deus em Sua sabedoria quer assim. Sem o véu que lhe encobre certas coisas, o homem ficaria deslumbrado, como aquele que passa sem transição do escuro para a luz. O esquecimento do passado o faz sentir-se mais senhor de si." Este livro tem uma vasta explicação. Se você o ler, vai entender melhor. Leia-o com muita calma, sem pressa e com discernimento. Tome este, gosto de presentear quem me busca para explicação. — E olhando o relógio afirma: — Tenho tarefas que me esperam; contudo, o salão está recebendo pessoas para assistir à palestra. Após a transmissão do passe, por que não ficam um pouco mais? Vai ser de grande valia uma nova visão do Espiritismo por um palestrante da nossa casa, que comentará sobre a reencarnação. Contudo, me procurem sempre, gosto de falar desse assunto com gente nova e que desconhece o Espiritismo.

Maurício, impressionado pelo magnetismo e gentileza daquele sábio, segundo ele, agradeceu e convidou Erika para ficar para a palestra e para o passe, tinha curiosidade de ver como funcionavam.

Capítulo 49

O amor faz maravilhas

A jovem médica, além das matérias obrigatórias da faculdade, era uma assídua leitora de publicações voltadas para a Medicina, inclusive, estrangeiras. Em uma dessas publicações, descobriu uma nova e promissora pesquisa que estava sendo realizada em uma universidade nos Estados Unidos, ainda em processos experimentais em pacientes voluntários. Com resultados animadores sendo publicados periodicamente, ela se animou em entrar em contato, para se inteirar do assunto e também tentar incluir Maurício entre os possíveis voluntários a receber os tratamentos.

A resposta não tardou a chegar, com aprovação de inclusão do jovem piloto na próxima turma dos que estariam sendo tratados, e não foi difícil convencer o rapaz a ir e ficar por dois anos, tratar-se, experimentando as ditas técnicas modernas. Os americanos estavam trabalhando em voluntários com uma nova tecnologia envolvendo a eletricidade.

Enquanto isso, ela, após os exames na faculdade, terminava a residência em Traumatologia.

Com Maurício, a técnica funcionou tão bem e de tal forma entusiasmou a jovem médica, que ela decidiu partir para os Estados Unidos para fazer pós-graduação em Ciências Biônicas naquele país, trazendo, mais tarde, para o Brasil, junto com outros pesquisadores, preciosos conhecimentos que não só foram úteis ao seu namorado bem como a muitos outros inválidos, vitimados em acidentes.

Depois do longo tratamento, Maurício, com o apoio da tecnologia avançada, não mais andava em cadeira de rodas. Usava eletrodos conectados ao sistema nervoso, com os quais coordenava o aparelho que induzia as pernas a se movimentarem naturalmente. Quem não o conhecesse, não saberia de seu problema, isto é, que suas pernas não tinham mobilidade natural.

Sempre que se proporcionasse a oportunidade, apaixonado que era por corridas, lá estava ele em Interlagos, aplaudindo os vencedores de qualquer que fosse a modalidade que estava sendo disputada, sem ressentimentos, enxergando a vida por uma ótica positiva.

Enfim, fazendo uma análise desse grupo de espíritos encarnados, concluímos que Viviane, durante a vida, superara o namoro atribulado com Alex, vencera os problemas financeiros com bom ânimo, durante os períodos negativos de sua vida material, fora vitoriosa ao lutar denodadamente com a filha no acidente, o que a levou a visitar hospitais por muitos anos. Isso fora feito com naturalidade. Contudo, ao se ver diante do seu contendor, na encarnação presente, e não no plano da espiritualidade, fraquejara.

É comum ver os humanos lutando com seus adversários em outro plano, isto é, um na vida carnal e outro na vida espiritual a se atacarem cobrando seus atos malogrados; entretanto, Viviane estava à frente do seu algoz numa mesma encarnação, e ele, ainda por cima, tentando se apossar de seu maior tesouro, que era nada mais nada menos que a doce e generosa Erika, que suportava os sopapos verbais de ambos.

Viviane, ao assumir o Espiritismo como filosofia de vida verdadeira, com seus ensinamentos lógicos e claros, mudou a postura no modo de encarar os acontecimentos, modificando-se totalmente. Passou a viver as intrincadas sensações de uma obsessão de encarnado para encarnado, encharcando-se de fluidos deletérios emitidos por ela própria e sintonizados por Maurício, estabelecendo uma relação negativa. Com isso, viveu uma terrível guerra mental, que a fez perder temporariamente a referência dos ensinamentos espíritas, desinteressando-se até das reuniões do Evangelho no Lar, nas quais eram estudadas as coisas relativas ao espírito eterno.

A perturbação foi tão intensa que atingiu até o seu emprego prazeroso, de que tanto gostava.

Em virtude desses acontecimentos, passou a viver pelos cantos da casa, desinteressada das coisas de que mais gostava, dos belos quitutes dos finais de semana, que preparava com amor, de mexer nas flores de seu jardim. Sua fixação mental era aquele aleijado tentando sufocá-la com sua presença e interferindo na vida da sua filha que o amava mais do que tudo.

O quadro obsessivo estava instalado, as ligações fluídicas estavam entrelaçadas, e a ligação, fortalecida pelas emissões mentais negativas. E passou da influência simples à fascinação.

Com isso, perdeu energias psíquicas e vitais, desinteressando--se dos estudos espirituais.

A partir daí, Viviane perdeu o gosto pela vida. Em vão Alex, pressuroso, instruído pelo doutor Moreira, tentava resgatá--la da fixação obsessiva.

Por sugestão do médico, após o tratamento de desobsessão realizado no Centro Espírita, para que a terapia fosse eficiente e produtiva e não houvesse recaída, Alex e Viviane empreenderam um longo cruzeiro marítimo, passando mais de dois meses nos mares entre a Europa e a África. Conheceram ainda Roma, Paris, Lisboa, Londres e "reviram" Florença. A viagem revigorou tanto Viviane, que, longe dos problemas, rejuvenesceu. Lá, no outro lado do oceano, conseguia refletir com lucidez sobre a adversidade que travara com seu futuro genro.

Neste ínterim, em sentido contrário do velho mundo, Maurício, por sua vez, também se fortalecera com o tratamento biônico. Caminhava, levantava, mexia com as pernas e flexionava-as dando-lhe ensejo de expectativas otimistas. Com isso, poderia dirigir o seu carro subir escadas e vencer obstáculos.

O benfeitor Charles auxiliou de perto a perturbada Viviane e se empenhou em lhe dar suporte nessa difícil obsessão, quando o espírito não alberga os sentimento de perdão. Ela quase perdeu a vida por não saber e não querer perdoar seu inimigo, carregando seu inconsciente com o açoite do rancor e do ódio, somatizando assim, em forma de depressão, a mágoa que trazia de um passado que se perdia no tempo.

Alex, menos comprometido com o clã em épocas recuadas, foi-lhe o companheiro ideal, que pacientemente a auxiliou, ficando de seu lado como esposo e amigo, para saber ouvir e compreender.

Maurício, que era o pomo da discórdia na família, refrigerou o espírito na companhia arejada de Erika, que caminhava entre os dois adversários como ponto de equilíbrio.

Contudo, era a Viviane, sua vítima de ontem, que Maurício precisava pedir desculpas, mas seu espírito voluntarioso e orgulhoso ainda embora não tão forte trazia os resquícios da prepotência de outrora, dos quais ele lutava por se desfazer.

Capítulo 50
O casamento

O casamento ia ser realizado na mansão dos Venturini, com uma centena de convidados amigos, da universidade e pacientes particulares de Erika, que foram lhes desejar felicidades.

Os pais do antigo piloto estavam gratos a Deus pela recuperação e renovação do filho.

Erika, apesar de estar feliz com o enlace, trazia nos olhos traços da nostalgia causada pela ausência dos pais.

No entanto, seus pais, sem a avisar, adentraram a festa para congratular os noivos com alegria e afeto, afinal sua filha não tinha culpa de um passado que não voltaria mais. E Viviane tinha de superar, pelo bem de si mesma e da felicidade do casal.

— Veja, minha filha, estou superando aquele assunto e me superando também. Pela vidência, mediunidade que por hora tem me acompanhado, tenho visto o benfeitor Charles, e as minhas doce amigas das colônias muitas vezes me chamando a atenção para o perdão e para a indulgência, porque também preciso disso. Eles me estimulam a me desfazer das arestas que acho ainda difíceis de partir. Contudo, querida, acho que esse dia chegou com suas núpcias.

Nesse momento, Maurício sai de um grupo de amigos, com quem entretinha conversa, e vai ao encontro de sua sogra e abraça-a com alegria e com gentileza, porque um peso havia se desprendido dele. Sentia-se em paz e aliviado.

— A presença de vocês é uma surpresa superagradável, e estou muito feliz. Agora precisamos mudar a programação do casamento, pois o pai terá de me entregar a noiva! — disse sorrindo para Alex.

E assim foi realizado o casamento, como deveria ser.

Os elos do passado tinham se rompido, porque Viviane não sentiu nada. A aproximação do rapaz, que a tratou muito bem, lhe causou bem-estar.

No mundo espiritual, Charles, não só abençoava o enlace dos seus tutelados, como também velava pela nova vida de Viviane, revigorando-a para enfrentar mais uma etapa, agora mais amadurecida.

No meio da festa, Maurício e Erika sumiram, auxiliados pelos pais e amigos mais íntimos, rumo a Nova York, cidade de sua predileção, para uma lua de mel coroada de amor em tom cor-de-rosa, onde o verde da esperança anunciava um futuro promissor.

O velho Salomão Venturini e sua esposa Sofia não cabiam em si de contentamento, vendo o filho feliz e bem-disposto, não sopitando as lágrimas que teimavam em cair. Despediram-se deles, no aeroporto, com mil recomendações, bem a gosto dos pais tradicionais acompanhados pelos pais de Erika, que, emocionados, também choravam.

Erika já era considerada pelos Venturini como sua filha e lhe confiavam o seu bambino, aquele doce anjo que venceu a borrasca do tempo tornando-se um espírito alado para a felicidade deles e de seu único filho...

Enquanto os humanos possuem tutores e benfeitores do outro lado do mundo, Maurício caminhava de mãos dadas com sua mentora encarnada, que se tornara sua esposa para amá-lo na alegria e na tristeza, mas também para ensiná-lo a crescer, superando as adversidades e os impedimentos que a vida carnal impõe aos que aqui nascem.

Os nubentes, com os olhos transfigurados de felicidade, subiram a escada do avião, deixando para trás a cicatriz do passado. Iriam começar uma nova programação a ser vivenciada.

— Vamos, meu amor, o espaço nos espera!
— Sim, vamos, o céu é o infinito!

Capítulo 51
A peça

A arte cênica sempre foi um bom entretenimento entre os humanos, em todas as épocas da humanidade.

Imitar, representar foi um dos passatempos mais requintados entre os homens, desde as peças mais populares, entre a plebe, nos circos de palhaços e trapézios, até os andarilhos.

As tramas do além, de modo geral, tendem a motivar as plateias entre os dois mundos, isto é, o material e o espiritual. A mensagem espírita é sempre apreendida no seu contexto, e foi assim que Erika, Maurício e seus familiares, após a viagem à América do Norte, vieram a se encontrar num belo teatro no centro de São Paulo, ornamentado por grossas cortinas de veludo bordô e de uma energia toda especial preparada pelos espíritos.

Erika, com seu esbelto esposo, que, totalmente adaptado à nova situação e satisfeito por poder caminhar entre os normais sem ser qualificado de aleijado, está feliz e de bem com a vida.

O colorido na face voltara a emoldurar-lhe o rosto. Junto com seus pais e os sogros estavam todos ansiosos por assistir a "Violetas na Janela".

A peça trouxe muitas emoções. Os personagens viveram uma vida de resignação, revelações e muito amor em favor daqueles que desconheciam a faculdade de abrir mão de si para lecionar e vivenciar as palavras de Jesus.

Se formos espectadores dos espectadores, observaremos o público concordar com a proposta espírita. O grupo em pauta também não fora exceção.

Maurício fica com os olhos marejados de lágrimas, Erika lhe aperta a mão afetuosamente.

Eles riem, emocionam-se e choram de alegria. Quando a cortina desce até o chão, o grupo aplaude de pé o evento mágico.

Finalmente, entre Viviane e Maurício desaparecera a mágoa. A ferida fora cicatrizada, entre eles não havia mais ressentimento. O véu do esquecimento descera sobre o passado, não como sarja pesada e escura, mas como um tecido leve de voal transparente, exalando o brilho e o perfume caricioso do perdão.

Maurício olha para Erika e fala:

— Enfim, querida, a guerra acabou, estamos em paz, podemos retornar ao lar com alegria e bem-estar. Os laços familiares foram reatados na nossa festa de casamento, graças a Deus, e tratemos logo de encomendar um netinho para a vovó Viviane. E como toda criança, na sua inocência, minimizará alguma diferença que ainda restar do ontem.

Viviane, que estava de ouvidos aguçados, não deixa por menos, replicando, agora sem azedume:

— Eu ajudo a cuidar do bebê que virá, mas quero participar da escolha do nome, sim?

Maurício e Erika, pegos de surpresa, não conseguem segurar o riso e, felizes, abraçados, olham-se e respondem ao mesmo tempo:

— Está bem, concordamos.

Na dimensão espiritual os amigos espirituais se congratulavam e, como eles, estavam felizes. Mais uma vez o amor vencera o ressentimento, provando que educar é um ato de amor.

Os vínculos de animosidade cederam ante a força do amor.

O perdão faz parte do caminho evolutivo da humanidade, apesar de ser um processo lento e muitas vezes difícil. O homem, entretanto, ante situações sublimes, com o concurso de seres angelicais, cede à conscientização do amor e do perdão para encontrar-se em paz consigo mesmo e com o semelhante.

Assim foi a história de Erika e Maurício.

Posfácio

E o amor venceu mais uma vez

Como todas as minhas histórias, esta também tinha de ter um final feliz.

Chega de infelicidade, a dor nada mais é que acidente de percurso. Deus não quer o sofrimento de seus filhos, mas que eles avancem em direção ao amor e à plenitude de seu ser.

Vinícius.

Av. Porto Ferreira, 1031 - Parque Iracema
15809-020 - Catanduva-SP
17 3531.4444

www.petit.com.br | petit@petit.com.br